»Was bin ich doch für eine glückliche Frau, daß ich in einem Garten lebe, mit Büchern, Kindern, Vögeln und Blumen und reichlich Muße, all das zu genießen!«

Ihr Garten macht Elizabeth von Arnim glücklich, sie frönt der herrlichen Pracht der Blüten und feiert die Sinnesfreuden der Natur. Dabei ist der Garten immer auch eine große Spielwiese: Der grüne Daumen übernimmt die Regie, die Hände graben emsig in der Erde, es werden Rabatten bepflanzt und Beete gejätet. Genausosehr aber schätzt sie ihn als Ruhestatt und Rückzugsort, um sich vor ungeliebten Mitmenschen, übellaunigen Ehemännern, kauzigen Bekannten und eitlen Besuchern in Sicherheit zu bringen – und sich allein der Schönheit des Lebens hinzugeben …

Elizabeth von Arnim, 1866 in Australien geboren, wuchs in England auf. Sie heiratete in die preußische Familie von Arnim und verbrachte einige Jahre auf dem pommerschen Gut Nassenheide, wo ihr erster Roman *Elizabeth und ihr Garten* (1898) entstand. Ihm folgten 21 weitere Romane und eine zweite Ehe. Sie starb 1941 in den USA.

Außerdem sind im insel taschenbuch erschienen: *Elizabeth auf Rügen* (it 4116), *Elizabeth und ihr Garten* (it 4132) und *Verzauberter April* (it 4220).

insel taschenbuch 4374
Gartenglück mit
Elizabeth von Arnim

»Mein himmlisches Königreich«

GARTENGLÜCK MIT
ELIZABETH VON ARNIM

Ausgewählt von Katrin Eisner

INSEL VERLAG

Erste Auflage 2015
insel taschenbuch 4374
Originalausgabe
© Insel Verlag Berlin 2015
Alle Rechte vorbehalten, insbesondere das des
öffentlichen Vortrags sowie der Übertragung
durch Rundfunk und Fernsehen, auch einzelner Teile.
Kein Teil des Werkes darf in irgendeiner Form
(durch Fotografie, Mikrofilm oder andere Verfahren)
ohne schriftliche Genehmigung des Verlages reproduziert
oder unter Verwendung elektronischer Systeme
verarbeitet, vervielfältigt oder verbreitet werden.
Vertrieb durch den Suhrkamp Taschenbuch Verlag
Umschlagfoto: Ben Hupfer/plainpicture
Umschlag: hißmann, heilmann, hamburg
Satz: Satz-Offizin Hümmer GmbH, Waldbüttelbrunn
Druck: CPI – Ebner & Spiegel, Ulm
Printed in Germany
ISBN 978-3-458-36074-2

INHALT

»*I*CH LIEBE MEINEN *G*ARTEN«

Der Garten ist mein Schutz, meine Zufluchtsstätte, zu der es mich hinzieht, nicht das Haus. Im Haus gibt es Pflichten und Verdruß, Dienstboten, die man ermuntern und ermahnen muß, Möbel und Mahlzeiten; aber dort im Freien drängen sich auf Schritt und Tritt die Segnungen – dort ist es, wo ich traurig bin über meine eigene Unfreundlichkeit, über jene selbstsüchtigen Gedanken, die so viel schlimmer sind, als man glaubt, dort werden alle meine Sünden und Dummheiten vergeben, dort fühle ich mich geborgen und zu Hause, und jede Blume und jedes Unkraut ist ein guter Bekannter und jeder Baum ein Liebster. Wenn mir etwas wehgetan hat, renne ich hinaus, um mich trösten zu lassen, und wenn ich ohne rechten Grund zornig war, erhalte ich dort meine Absolution. Hat eine Frau schon jemals so viele Freunde gehabt? Und immer dieselben, immer bereit, mich willkommen zu heißen und mich froh zu stimmen. Glückliche Kinder eines allgütigen Vaters, warum sollte ich, ihre eigene Schwester, weniger zufrieden und frohgemut sein als sie? Selbst im Gewitter, wenn andere Leute ins Haus flüchten, renne ich hinaus. Ich mag keine Gewitter – sie ängstigen mich schon Stunden bevor sie kommen, denn ich fühle es, wenn eins bevorsteht; merkwürdig ist vielleicht nur, daß ich Zuflucht im Garten suche. Ich fühle mich aber dort wohler, umsorgter, verhätschelter.

Elizabeth und ihr Garten

E's war eine umständliche Reise, die mehrere Stunden dauerte. Während des ersten Teils, als es noch dunkel war, glühte ich vor Begeisterung, vor Abenteuerlust, vor Freude über die Aussicht, den geliebten Ort bald wiederzusehen. Und ich dachte verwundert an die langen Jahre, die ich hatte vorübergehen lassen, seit ich das letzte Mal dort gewesen war. Ich überlegte mir überhaupt nicht, was ich zu den Verwandten sagen und wie ich mich ihnen vorstellen sollte. Der Pilgergeist war über mich gekommen, jener Geist, fern allem Praktischen, der sich um nichts sorgt, sondern einfach dahinwandert, seine eigenen Gefühle genießend. Es war ein stiller, trauriger Morgen, und es herrschte dichter Nebel. […]

Jeder Pfad und jede Pforte hier waren mir bekannt. Was wäre, wenn ich jede Hoffnung, das Haus wiederzusehen, aufgäbe, durch das kleine Tor in der Mauer ganz am Ende des Gartens ginge und mich für diesmal damit begnügte? Bei diesem Wetter könnte ich ungestört herumstreifen, ohne das geringste Risiko, gesehen zu werden oder auf meine Verwandten zu treffen, und schließlich war es ja der Garten, der meinem Herzen am nächsten lag. Was für eine Freude es wäre, mich ungesehen da hineinzuschleichen und alle die Winkel aufzusuchen, an die ich mich so gut erinnerte, dann einfach wieder hinauszuschlüpfen und ungeschoren davonzukommen, ohne daß Erklärungen, Versicherungen, Beteuerungen nötig wären, ohne herzliche Gefühle zeigen zu müssen: mit einem Wort, ohne jene ermüdende Form von Unterhaltung, bekannt als Redensarten, wie sie Verwandten so teuer ist. Der Nebel führte mich in Versuchung. Wäre es ein schöner Tag gewesen, ich glaube, ich wäre nach reiflicher Überlegung in den Gasthof gegangen und hätte einen versöhnlichen Brief geschrieben. Aber die Versuchung war zu groß, sie war ganz unwiderstehlich, und innerhalb von zehn Minuten hatte ich das Törchen gefunden, es nicht ohne Schwierigkeiten geöffnet und stand mit klopfendem Herzen im Garten meiner Kindheit.

Ich frage mich jetzt, ob ich jemals wieder eine Spannung so stark empfinden werde wie die, die mich in diesem Augenblick erfüllte. Zunächst einmal war ich ein Eindringling, was an sich schon spannend ist. Doch um wieviel spannender ist es, in etwas einzudringen, was ebensogut der eigene Besitz hätte sein können, was tatsächlich jahrelang der eigene Boden gewesen war und wo man sich in der tödlichen Gefahr befand, die rechtmäßigen Besitzer, mit denen man allerdings verzankt war, um die Ecke kommen zu sehen und sie mit distanzierter und abschreckender Höflichkeit sagen zu hören: »Ich glaube nicht, das Vergnügen gehabt zu haben …?« Alles war unverändert. Ich stand inmitten des geheimnisvollen Gewirrs kleiner Pfade, das dort schon immer gewesen war. Sie wanden sich auf beiden Seiten durchs Gebüsch, mit den braunen Spuren jüngst vergangener Schritte auf ihren grünen Flecken, genau wie zu meiner Zeit. Die riesigen Fliederbüsche trafen sich noch immer über meinem Kopf. Die Feuchtigkeit tropfte von demselben Mauervorsprung auf die durchweichten Blätter darunter, wie es auch an den Nachmittagen in all jenen vergangenen Novembern gewesen war. Dies war es, dieses feuchte und düstere Gehölz, das ganz allein mir gehört hatte. Niemand kam je hierhin, denn im Winter war es zu trübselig und im Sommer so voller Mücken, daß nur ein Backfisch, dem Mückenstiche egal waren, es ertragen konnte. Aber es war der Ort, wo ich unbeobachtet spielen, wo ich stundenlang ohne Unterbrechung auf und ab wandern und Luftschlösser bauen konnte. In einer dunklen Ecke befand sich eine muffige, kleine Laube, frequentiert von größeren schwarzen Nacktschnecken, wo ich herrliche Nachmittage mit Pläneschmieden verbrachte, und wenn auch nichts daraus wurde, was machte das schon? Allein das Schmieden war ein Vergnügen. Für mich war dieser entlegene Winkel stets ein wunderbarer und geheimnisvoller Aufenthalt gewesen, wo meine Luftschlösser dicht nebeneinander in strahlenden Reihen standen und wo ich die seltsamsten und aufregendsten Abenteuer bestand. Denn die Stunden, die ich dort zubrachte, und die Leute, die ich dort traf, waren alle verzaubert.

Ich vergaß ganz die Existenz der Verwandten, als ich dort stand und mich glücklich umsah. Ich hätte vor Freude, wieder hier zu sein, weinen können. Es war das Haus meiner Väter, das Haus, das meines hätte sein können, wäre ich ein Junge gewesen, das Haus, das auch jetzt noch meines war durch tausend zärtliche und glückliche und unselige Gedanken, von denen die Eigentümer nicht einmal träumen konnten. Sie wohnten zwar hier, aber es war mein Heim. Ich warf die Arme um den Stamm einer tropfnassen

Kiefer, von der ich jeden einzelnen Ast in Erinnerung hatte, denn war ich nicht unzählige Male hinaufgeklettert und heruntergefallen und hatte mir dabei Verletzungen und Verstauchungen geholt? Ich gab ihr einen so herzlichen Kuß, daß Nase und Kinn ein einziger grüner Fleck wurden, und es machte mir immer noch nichts aus. Weit davon entfernt, erfüllte es mich mit einem hemmungslosen Backfischvergnügen, mich dreckig zu machen, ein Gefühl, das ich seit Jahren nicht mehr gekannt hatte. Alice im Wunderland hätte, nachdem sie den Inhalt der Zauberflasche getrunken hatte, nicht plötzlicher klein werden können als ich jung in dem Augenblick, da ich die magische Pforte durchschritten hatte.

Garten der Kindheit

*I*ch liebe meinen Garten. Hier schreibe ich gerade in der Lieblichkeit eines Spätnachmittags, immer wieder unterbrochen von den Mücken und der Versuchung, all die Pracht des jungen Grüns zu bestaunen, auf das vor einer halben Stunde ein kühler Regenschauer niedergegangen ist. Zwei Eulen sitzen in meiner Nähe und führen eine lange Unterhaltung, die ich genauso genieße, wie wenn Nachtigallen schlagen. Herr Eule sagt

,

und sie antwortet von ihrem Baum ein wenig weiter weg

,

in schöner Harmonie und Ergänzung dessen, was ihr Gebieter bemerkt hat, so wie es einer wohlgeratenen deutschen Frau Eule geziemt. Sie sagen mit solchem Nachdruck immer wieder dasselbe, daß ich vermute, es muß irgendeine Bosheit über mich sein; aber ich lasse mich durch Eulensarkasmus nicht vertreiben.

Das hier ist eher eine Wildnis als ein Garten. Seit fünfundzwanzig Jahren hat niemand in dem Haus gelebt, geschweige denn im Garten, und es ist doch solch ein bezauberndes Landgut, daß die Menschen, die hier hätten leben können und statt dessen bewußt die Schrecken einer Stadtwohnung vorgezogen haben, wohl jener Überzahl von augen- und ohrenlosen Wesen angehört haben müssen, aus denen die Welt offenbar hauptsächlich besteht. Nasenlos obendrein, obwohl das nicht nett klingt; mein Frühlingsglück jedenfalls verdanke ich größtenteils dem Geruch von nasser Erde und jungem Grün. [...]

Es sind so viele Vogelkirschen um mich herum, große Bäume, ihre Äste streifen das Gras, und sie stehen eben jetzt im vollen Schmuck ihrer weißen Blüten und ihres zartesten Grüns, daß der Garten aussieht wie bei einer Hochzeitsfeier. Ich habe noch nie solche Unmengen von Vogelkirschen gesehen; sie scheinen überall zu sein. Selbst hinter dem Flüßchen, das im Osten an den Garten grenzt, und mitten im Kornfeld da drüben steht ein riesiger Baum, ein Bild der Anmut und Pracht gegen das kühle Blau des Frühlingshimmels.

Mein Garten ist umgeben von Getreidefeldern und Wiesen; dahinter erstrecken sich weite Flächen sandiger Heide und Kiefernwälder, und wo die Wälder aufhören, setzt die kahle Heide wieder ein; die Wälder sind schön in ihrer hochragenden, luftigen Weite mit den rötlichen Stämmen, ganz oben die Kronen sanftesten Graugrüns und am Boden ein leuchtend grüner Heidelbeerteppich und ringsum atemlose Stille; und die kahlen Heideflächen sind auch schön, denn man kann über sie hinweg beinah in die Ewigkeit schauen, und zu ihnen hinauszuwandern mit dem Blick auf die untergehende Sonne, ist, als spazierte man in Gottes Gegenwart hinein.

Mitten in dieser Ebene liegt die Oase von Vogelkirschen und Grün, wo ich meine glücklichen Tage verlebe, und mitten in der Oase steht das graue Steinhaus mit seinen vielen Giebeln. [...]

Von fast allen Fenstern des Hauses kann ich ungestört von irgendwelchen Hügeln über die Ebene hinweg direkt bis zur blauen Linie des fernen Waldes schauen; auf der Westseite ohne Einhalt bis zur untergehenden Sonne – eine einzige grünwogende Fläche, die sich scharf gegen den Sonnenuntergang abhebt. Ich liebe diesen Westflügel mehr als die anderen und habe mir mein Schlafzimmer auf dieser Seite des Hauses ausgewählt, damit selbst die Zeit des Haarbürstens nicht gänzlich verloren sei, und die Kammerjungfer, die sich dem Bürsten widmet, hat es gelernt, dieser Aufgabe nachzukommen, während die Herrin am offenen Fenster in einem Sessel zurückgelehnt sitzt, und sie weiß, daß sie diese süß-feierliche Stunde nicht mit Geplapper entweihen darf. Dieses Mädchen grämt sich wegen meiner Gewohnheit, beinah nur noch im Garten zu leben, und seit sie bei mir ist, werden all ihre Vorstellungen, wie das Leben einer deutschen Dame von Stand sein sollte, täglich auf eine harte Probe gestellt. Die Leute in der Nachbarschaft halten mich natürlich, um es so freundlich wie möglich auszudrücken, für äußerst exzentrisch, denn es hat sich herumgesprochen, daß ich den Tag mit einem Buch im Freien verbringe und kein Sterblicher mich je hat nähen oder kochen sehen. […]

Wir waren schon fünf Jahre verheiratet, als uns der Gedanke kam, wir könnten dieses Gut durch unser Dortleben sinnvoll nutzen. Jene fünf Jahre lebten wir in einer Stadtwohnung, und in dieser endlos langen Zeit war ich völlig niedergedrückt und völlig gesund, was mich von der häßlichen Vorstellung befreit, die mich zuweilen geplagt hat, mein Glück hier gehe weniger auf den Garten zurück als auf eine gute Verdauung. Während wir unser Leben also dort vergeudeten, gab es hier dieses schöne Landgut, wo der Löwenzahn bis an die Tür wuchs, das Gras die Wege fast ganz verwischt hatte, so einsam im Winter, wenn einzig der Nordwind ihm die Mindestbeachtung schenkte, und da war im Mai – in all jenen fünf lieblichen Maimonaten – niemand, der sich die herrlichen Vogelkirschen und die Unmengen noch herrlicheren Flieders anschaute, alles leuchtend und blühend, der wilde Wein mit jedem Jahr wilder, bis schließlich im Oktober das Dach selbst mit blutroten Flechten bekränzt war, die Eulen und die Eichhörnchen und all die glücklichen kleinen Vögel als Alleinherrscher, und keine lebende Seele betrat je das leere Haus außer den Schlangen, die sich während jener stillen Jahre daran gewöhnt hatten, wann immer die alte Wirtschafterin die Fenster öffnete, die Südmauer hochzuschlängeln, in die Zimmer hinein. All das war hier gewesen – Friede und Glück und ein sinnvolles Leben, und dennoch war es mir nie eingefallen, hierhin zu ziehen. Ich muß staunen, wenn ich zurückdenke, und ich kann mir überhaupt nicht erklären, warum ich so spät erst entdeckte, daß hier in diesem entlegenen Winkel mein himmlisches Königreich lag.

Ja, mir kam es nicht einmal in den Sinn, das Landgut wenigstens im Sommer zu nutzen, ich unterwarf mich statt dessen jahraus jahrein einige Wochen lang einer Sommerfrische an der See mit all ihren Schrecken; bis mir endlich im letzten Vorfrühling – ich war aus der Stadt angereist, um die Dorfschule zu eröffnen, und streifte anschließend im noch öden und trostlosen Garten herum –, weiß Gott welcher Geruch von nasser Erde oder verfaulendem Laub schlagartig meine Kindheit in Erinnerung rief und all die glücklichen Tage, die ich in einem Garten verlebt hatte. Werde ich diesen Tag jemals vergessen? Es war der Anfang meines wahren Lebens, sozusagen mein Mündigwerden und der Eintritt in mein Königreich. Frühmärz, grauer, ruhiger Himmel und braune, ruhige Erde; kahl und etwas trist und wahrhaft einsam dort draußen in der Feuchtigkeit und Stille; doch da stand ich und fühlte dieselbe kindliche Verzükkung beim ersten Frühlingshauch, und die fünf vergeudeten Jahre fielen wie ein Mantel von mir ab, und die Welt war hoffnungsvoll, und ich weihte mich unverzüglich der Natur, und seitdem bin ich glücklich.

Elizabeth und ihr Garten

*I*ch bin einfach und werde es nie müde, mich meiner seligen Freiheit und Unbeschwertheit zu freuen. Selbst so scheinbar unwichtige Dinge wie ins Freie gehen, ohne zuvor Hut, Handschuhe und Schleier anlegen zu müssen, haben ihren zarten Reiz, der nie verblaßt und von dem ich nie genug bekommen kann. Es ist klar, ich bin für ein ruhiges Landleben geboren, und hier ist es wirklich ruhig, so sehr, daß ich manchmal nicht weiß, vergeht die Zeit im Traum oder in der Wirklichkeit, stille Tage zum Lesen und Nachdenken und Zusehen, wie das Licht sich verändert und die Blumen wachsen und welken; dann wieder frische Tage, wo das Leben so voller Schwung und Würze ist, daß man kaum aufhören kann zu jubeln vor Glück; warme stille Tage, wo man in einem abgelegenen Winkel im Gras liegt und den vorüberziehenden Wolken nachschaut – was, wie ich gern zugebe, eine besonders würdelose Haltung ist. Doch man bedenke auch die moralische Erbauung! Am Morgen die Schlafzimmerfenster zu öffnen bereitet mir immer neues Vergnügen. Genau unter ihnen ist ein Beet mit vollerblühten Rauken; um diese Stunde liegt es im Schatten des Hauses, der Giebel zeichnet sich scharf auf dem Rasen dahinter ab. Und sobald sie sehen, wie ich mich aus dem Fenster lehne, schicken sie mir ihren duftenden Gruß herauf, sehr darauf bedacht, die hübsche deutsche Sitte des »Guten Morgen« nicht zu vernachlässigen. Gekleidet in viele liebevolle Worte rufe ich meinen Gruß zurück, und nun wallt ihr Duft betörend zu mir herauf und bedeckt mein Gesicht mit den zärtlichsten, leichten Küssen.

Einsamer Sommer

*W*ie könnte man an diesen glutheißen Augusttagen, wenn man in einer solchen Pracht aus Licht und Farbe lebt wie im glühenden Herzen eines Edelsteins, nicht dankbar sein? Ich bin so froh und dankbar, hier zu sein, hierherkommen zu können. Wirklich, ich glaube, ich beginne, mich anders zu fühlen – weitab von den alten unglücklichen Geschichten, die mich fast zu Tode stranguliert hätten, wiederhergestellt, fast so, als könnte ich eines Tages mein inneres Gleichgewicht wiederfinden. Zur Zeit haben wir Vollmond. Abends ziehe ich mir einen Mantel über, lasse mich im Liegestuhl auf der Schwelle nieder und betrachte den Mond, und manchmal vergesse ich eine ganze halbe Stunde lang, daß das Glück, an das ich glaubte, für immer dahin ist. Ich sitze gerne hier und mag es, wenn ich ab und zu kleine Duftwölkchen übers Gesicht schweben fühle, als ob es jemand im Vorübergehen tätscheln würde. Manchmal ist es der Duft gemähten Grases, das den ganzen Tag über in der Sonne geschmort hat, aber meistens ist es der Duft einiger Madonnenlilien direkt vor der Tür, die von Antoine in irgendeinem September während des Krieges gepflanzt wurden. […]

Dieses kleine Holzhaus, das sich mit seinen Augenwimpern, oder besser gesagt: mit seinen Augenbrauen an die Bergwand klammert, denn es hat riesige Dachvorsprünge, die es im Winter davor bewahren sollen, im Schnee zu versinken, und die aussehen wie hervorstehende Augenbrauen – verfügt über so wenig Grund, daß der Garten entlang des Felsrandes nicht viel größer als ein Taschentuch ist.

Er besteht aus einem Streifen Gras, mit Hingabe von Antoine gepflegt, der seinen Stolz daransetzt, daß es auch dann noch grün ist, wenn alle Wiesen auf den Berghängen ringsum und drunten im Tal schon ausgedörrtes blasses Gold sind, weshalb er den größten Teil seiner Abendstunden mit Gießen verbringt. Am Rand zieht sich eine niedrige Mauer entlang, damit niemand hinunterfällt – denn wenn man hinunterfiele, wäre das für die Leute, die fünftausend Fuß tiefer im Tal spazierengehen, nicht sehr angenehm –, und vor dieser Mauer erstreckt sich das schmale Band mit den einzigen Blumen, die es bei uns aushalten.

Es sind nicht viele. Rittersporn, einige Stiefmütterchen, ein paar Nelken und eine Menge roter Schwertlilien. Die Schwertlilien waren gerade verblüht, als ich ankam, aber den vielen Blütenstengeln nach zu schließen, müssen sie sehr schön gewesen sein. Nur noch eine Blüte ist übriggeblieben; erlesen samtig und sonnendurchwärmt, wenn man sie küßt – was ich fleißig tue, denn irgend etwas muß man ja schließlich küssen –, und mit jenem herrlichen Honigduft, dem typischen Sommerduft.

Mehr hat der Garten nicht zu bieten. Es ist nicht viel, wenn man es so hinschreibt, aber man sollte es einfach sehen. O ja – ich habe etwas vergessen. Hinter der Ecke ranken sich an der Mauer, die das Haus im Vorfrühling vor Lawinen schützt, rote Kletterrosen hoch, leuchtend rot vor dem tiefen Blau des Himmels. Ich weiß, rote Kletterrosen sind nichts Besonderes, aber ihr solltet sie sehen. Die Farbe des Himmels ist es, die ihnen hier einen so erstaunlichen

Reiz verleiht. Ja – und ich vergaß die Lilien, die Antoine von seiner *maman* bekommen hat. Sie wachsen in der Nähe der Haustür, und daran schließt sich Lavendel an, der zur Zeit in voller Blüte steht und dessen Rispen den ganzen Tag lang wundersamerweise von etwas umschwebt werden, das wie ein winziger strahlender Engel aussieht, aber in die Sonne aufflattert, wenn ich näher trete – ein weißer Schmetterling. Den Lavendel muß Antoine gepflanzt haben. Es hat früher nie welchen hier gegeben. Aber ich frage ihn nicht, weil er mir dann womöglich dessen eigentlichen Zweck erläutern würde, und ich könnte es nicht ertragen, wenn man mir dieses Fleckchen purer Schönheit mit den kleinen glitzernden Wesen, die darüber schweben, als ein *remède* gegen irgend etwas Schreckliches erklärte.

Wenn ich malen könnte, säße ich den lieben langen Tag hier und malte; da ich nicht malen kann, versuche ich, das, was ich sehe, in Worten zu Papier zu bringen. Es macht Spaß. Man fühlt sich irgendwie nicht so allein. Ich würde es wohl nicht tun, wenn ich nicht allein wäre. Dann würde ich meine Freunde so lange auf all das Schöne ringsumher hinweisen, bis ihre Geduld und meine Stimme erschöpft wären.

Der Garten, soweit man von einem solchen überhaupt sprechen kann, hat etwas Rührendes, weil er so winzig und eintönig bepflanzt ist. Besitzer englischer Gärten mit jenen ungeheuren Staudenrabatten und geschickt angeordneten Blumenarrangements würden möglicherweise über ihn die Nase rümpfen. Sollen sie. Ich liebe ihn. Und selbst wenn er noch kleiner wäre, wenn er zu einer einzigen Pflanze mit einer einzigen Blüte darauf zusammenschrumpfte, würde er mich vielleicht um so mehr bezaubern, denn dann könnte ich mich auf diese eine Schönheit konzentrieren und ließe mich nicht ablenken von dem Gefühl, daß ich anderswo etwas versäume, während ich in eine bestimmte Richtung schaue. Jene Tiere in der Offenbarung, die vorn und hinten überall Augen haben – ich wünschte, ich wäre auch so ähnlich gebaut.

Aber man braucht im Grunde gar keinen Garten hier, wo Gott so viel tut. In dieser Hinsicht ist die Gegend hier wie Italien, und eine alte Holzschachtel mit Stiefmütterchen oder ein Topf mit Lilien, irgendwo angebracht, in einem Fenster, oben auf einer Mauer, genügt vollauf, fügt sich sogleich harmonisch in die natürlich vorhandene Schönheit ein: das Licht, die Farben, die bizarren Formen der Berge. Wirklich, wo Gott das alles für einen erledigt, reichen ein paar nach eigenen Vorstellungen bepflanzte Quadratmeter, um Eigenständigkeit zu beweisen und zu zeigen, daß man entschlossen ist, dem Ort seinen Stempel aufzudrücken.

Ein Chalet in den Bergen

San Salvatore besaß viele kleine Gärten an den verschiedensten Stellen und auf verschiedenen Ebenen. Das Gärtchen, auf das dieses Fenster hinunterblickte, befand sich auf der höchsten Stelle des Festungswalls und konnte nur durch die entsprechende Halle auf dem Stockwerk darunter betreten werden. Als Mrs. Wilkins aus ihrem Zimmer kam, war das Fenster weit offen, und in der Sonne hinten stand ein Judasbaum in voller Blüte. Kein Mensch in der Nähe, kein Geräusch von Stimmen oder Schritten. Kübel mit Callas thronten auf dem Steinboden, und auf einem Tisch flammte ein Riesenstrauß wilder Kapuzinerkresse. Geräumig, blumenreich, still, mit dem großen Fenster am Ende, das sich zum Garten hin öffnete, und dem Judasbaum aberwitzig schön im Sonnenschein, schien das alles Mrs. Wilkins, die festgehalten wurde auf ihrem Weg zu Mrs. Arbuthnot, zu gut, um wahr zu sein. Würde sie wirklich einen ganzen Monat darin leben dürfen? Bis zu diesem Zeitpunkt hatte sie das Schöne, wie es sich ihr rein zufällig bot, portiönchenweise ergattern müssen – ein gänseblümchenübersätes Fleckchen auf einem Feld in Hampstead an einem herrlichen Tag, einen Streifen Sonnenuntergang zwischen zwei Schornsteinkappen. Sie war nie an wirklich vollkommen schönen Orten gewesen. Nicht einmal in einem ehrwürdig alten Haus, und so etwas wie Blumenfülle in ihrer Wohnung war unerschwinglich für sie. Manchmal hatte sie sich im Frühling sechs Tulpen bei Shoolbred's gekauft, da es ihr unmöglich war, ihnen zu widerstehen, und war sich bewußt, daß Mellersh, falls er erführe, wieviel sie gekostet

hatten, dies unentschuldbar fände; aber sie waren bald verwelkt, und danach gab es keine mehr. Was den Judasbaum
betraf, hatte sie keine Ahnung, was das eigentlich war, und
sie betrachtete ihn, wie er sich da draußen gegen den Himmel abhob, mit der verzückten Miene einer, die eine himmlische Vision hat.

Verzauberter April

*E*in Garten, finde ich, sollte von einem Ende bis zum anderen schön sein, nicht nur vor dem Haus mit einem Feuerwerk aufwarten und hinten lediglich ein paar struppige Büsche vorweisen. Der Standard, den man vor den Fenstern erreicht, sollte überall gehalten, wenn nicht übertroffen werden. Der deutsche Gartenentwurf taugt nichts, der alle nur mögliche Pracht mit Teppichbeeten und Glaskugeln auf Stöcken vor dem Haus konzentriert, in der Hoffnung, daß ein Fremder, den man mit Bedacht nur dort herumführt und dem keineswegs gestattet wird, selbst auf Entdeckungsreisen zu gehen, selbstverständlich annimmt, das ganze Grundstück sei genauso großartig gestaltet, wobei er doch genau weiß, daß es um die Ecke nur noch Federvieh und Misthaufen zu sehen gibt. Diese Methode liegt mir nicht. Ich versuche, meinen Garten um so prächtiger und gepflegter aussehen zu lassen, je tiefer man in ihn hineingeht. Und der Gast, der aus dem Schatten der Veranda tritt und in seiner Unschuld meint, schon das Beste vor sich zu haben, wird listig von einer Sehenswürdigkeit zur anderen geleitet, bis er dort steht, wo für mich der bezauberndste Teil des Gartens beginnt: vor der Silberbirke und der Azaleenpflanzung am äußersten Ende. Dort ist die südlichste Grenze meines Königreichs, ein Farbenrausch im Mai und Juni, und jenseits davon sieht man die friedlichen Weiden, die sich zum fernen Wald hin erstrecken. Der ideale Besucher wird, nachdem er diese Aussicht genossen hat, erfrischt und als ein neuer Mensch ins Haus zurückkehren. Solche Leute führt man gern herum – einen Mann (oder eine Frau), die Gärten so sehr lieben, daß sie gern auch lange Wanderungen auf sich nehmen; die kommen, um Anerkennung zu äußern, zu vergleichen und zu bewundern; deren Anmerkungen, auch wenn sie kritisch ausfallen, wie Tau auf die durstige Gärtnerseele niedersinken, die, was das betrifft, nur zu sehr an Dürre gewöhnt ist. Sie wissen genausogut wie ich, wieviel Arbeit, Geduld, Lernen und Beobachten für die Blumen im Garten aufgebracht wurde, wieviel Lachen über Fehlschläge, wieviel Neuanfänge mit ungeminderter Begeisterung und wieviel unerschütterliche Zuversicht. Sie wissen, was ich für sie getan habe und sie für mich und daß mein Garten ein Ort der Freude ist und immer sein wird, ein Platz, um zu lernen und gesund zu werden, Wunder zu erleben und immerwährenden Frieden.

Einsamer Sommer

DIE BUNTE PRACHT DER BLÜTEN

Zu beiden Seiten der Steintreppe war das Immergrün voll aufgeblüht, und sie konnte jetzt erkennen, was in der vorigen Nacht nach ihr gegriffen und naß duftend über ihr Gesicht gefahren war. Es waren die Glyzinen. GLYZINEN UND SONNENSCHEIN ..., sie erinnerte sich an das Inserat. Hier gab es tatsächlich beides im Übermaß. Die Glyzinen überschlugen sich in exzessiver Lebenslust, Blütenüppigkeit; und da, wo die Pergola aufhörte, strahlte die Sonne auf scharlachrote Geranien, wahre Büsche, auf Unmengen von Kapuzinerkresse und leuchtende Ringelblumen, die zu brennen schienen, auf rote und rosafarbene Löwenmäulchen, und jede Pflanze übertraf die andere an Leuchtkraft der Farbe. Hinter diesen flammenden Gebilden fiel das Gelände terrassenförmig zum Meer hin ab, jede Terrasse war ein kleiner Obstgarten, wo zwischen Olivenbäumen Wein an Spalieren rankte und Feigen-, Pfirsich- und Kirschbäume gediehen. Die Pfirsich- und Kirschbäume standen in Blüte, zauberhafte Schauer von Weiß und Dunkelrosa zwischen der zittrigen Zartheit des Olivenlaubs; die Feigenblätter waren gerade groß genug, um nach Feigen zu riechen, die Weinträubchen waren noch Winzlinge. Und unter diesen Bäumen wuchsen Grüppchen von blauen und purpurnen Schwertlilien, Büsche von Lavendel und Kakteen, grau und spitz, und das Gras war übersät mit Löwenzahn und Gänseblümchen, und ganz unten am Ende ruhte das Meer. Man hatte den Eindruck, jemand habe mit Farbe herumgekleckst; alle möglichen Farben dick aufgetragen oder in wahren Kaskaden sich verlaufen lassen – das Immergrün sah genau so aus, als sei es zu beiden Seiten der Stufen heruntergeströmt –, und Blumen, die in England nur in Rabatten wuchsen, stolze Blumen, gern für sich bleibend, wie die großen blauen Schwertlilien und der Lavendel, wurden hier bedrängt von kleinen leuchtend ordinären Dingern wie dem Löwenzahn und den Gänseblümchen und den weißen Dolden der wilden Zwiebel, und schienen bloß noch üppiger sprießen zu wollen.

Verzauberter April

Neben den Rosen sind die duftenden Wicken meine Lieblingsblumen. Niemand, höchstens die, welche um jeden Preis originell sein wollen, wird die absolute Vorherrschaft der Rose leugnen. Ihr Thron ist unangetastet, die einzige Frage ist: Welche Blume liebt man nach den Rosen am meisten? Ich habe lange gebraucht, um das zu entscheiden, obwohl ich vermutlich im Grunde meines Herzens schon immer wußte, daß es die Wicken waren. Jeden Sommer, wenn sie sich zeigen, und jedesmal, wenn ich bei meinem Rundgang im Garten an ihnen vorbeikomme, flüstere ich unwillkürlich: »O ja, ihr seid die allerschönsten, ihr süßen, lieben Wesen.« Ist es nicht ein großer Triumph für sie, gleich nach den Rosen zu kommen? Wieviel Schönheiten gibt es, denen sie zuvorkommen – Lilien, Schwertlilien, Nelken, Veilchen, seidige, zarte Mohnblumen, großartige Rittersporne, leuchtende Kapuzinerkresse, hitzige Ringelblumen und die glatten, kühlen Stiefmütterchen. Gerade jetzt blüht ein Beet mit all diesen Herrlichkeiten, ein kleiner, ausgewählter Fleck mit fruchtbarem Boden, ungefähr fünf Meter lang und von unregelmäßiger Breite. Sein breitester Teil endet an dem Weg, der an der Südfront des Hauses vorbeiführt, und sein schmalster senkt sich hinunter zu einer feuchten, flachen Stelle neben einem winzigen Bach, eigentlich ein dünner Faden tröpfelnden Wassers, wo eine Gruppe japanischer Schwertlilien steht, die Blüten im Sonnenschein, die Füße im kühlen Naß. Neben ihnen, ein wenig höher am Hang, Madonnenlilien, von keuschem Aussehen, aber wollüstigem Duft, daneben ein Büschel Stockrosen in den zartesten Farbtönen von Rosa, Gelb, und Weiß, rechts und links davon weiße Margeriten und Nachtkerzen und Shirley, die erlesenste aller Mohnblumen, etwas weiter weg eine Staude metallblauen Rittersporns neben kräftigen weißen Lupinen, und überall dazwischen Reseda, Levkojen, Nelken und noch ein Dutzend kleinerer, aber nicht weniger ansehnlicher Pflanzen! Ich wünschte, ich wäre ein Dichter, um die Schönheit dieses Erdenflecks angemessen beschreiben zu können, wie er an diesem Nachmittag nach dem Regen in der Sonne funkelt. Doch von all den bezaubernden, delikaten, duftenden Staudengruppen ist keine für mich so auserlesen wie die Wickenhecke an der Nordwestecke des Beets. Wicken haben etwas so überaus Feines, Zierliches, etwas so Gewinnendes mit ihren kletternden, sich windenden, nachgiebigen Ranken, und dann der lange; gerade Stengel mit der wohlgeformten, geflügelten Blüte an der Spitze, von weicher, perlenhafter Beschaffenheit in allen nur erdenklichen Farbnuancen – alle rein und anmutig, keine häßlich oder auch nur weniger anziehend als die anderen. Drinnen im Haus – was könnte, außer einer Porzellanschale mit Rosen, lieblicher sein als ein Wickenstrauß in einem Delfter Krug? Öffnet man die Tür, so strömt einem sofort ihr Duft entgegen. Man beugt sich über sie, begräbt sein Gesicht darin und kann sich nicht von ihnen trennen.

Einsamer Sommer

*D*er Löwenzahn bedeckte wie ein Teppich die drei Rasenflächen – einst war es Rasen, er ist aber seit langem zur Wiese erblüht mit allerlei hübschem Unkraut –, und unter und zwischen den Gruppen kahler Eichen und Birken wuchsen scharenweise blaue Leberblümchen, weiße Anemonen, Veilchen und Scharbockskraut. Letzteres entzückte mich besonders mit seinem gefälligen frohen Glanz, so adrett hübsch und frisch lackiert, als hätten auch bei ihm die Anstreicher ihr Werk getan. Als dann die Anemonen verschwunden waren, tauchten vereinzelt Immergrün und Weißwurz auf, und wie auf einen Schlag erblühten all die Vogelkirschen. Und dann, noch ehe ich mich ein wenig an die Freude über ihre Blütenpracht vor dem weiten Himmel gewöhnt hatte, erschien der Flieder – ganze Heerscharen Flieder: in Büscheln über den Rasen verstreut, zusammen mit anderen Sträuchern und Bäumen längs der Wege, und ein großer zusammenhängender Fliederwall zog sich gleich hinter der Westfassade des Hauses dahin, eine halbe Meile lang, soweit der Blick reichte, und hob sich herrlich gegen den Kiefernhintergrund ab. Als dann auch noch, kurz bevor alles vorbei war, die Akazien ihre Blüten zeigten und vier große Büsche blasser silberrötlicher Pfingstrosen unter den Südfenstern aufblühten, war ich so überglücklich, so selig und dankbar, wie ich es gar nicht schildern kann. Meine Tage schienen in einem Traum rosaroten und purpurnen Friedens dahinzuschmelzen.

Elizabeth und ihr Garten

*E*s war ein bezaubernder Abend, ein passender Abschluß für einen schönen 1. Mai. In der Dämmerung leuchteten Blumen wie blasse Sterne, die Luft war von süßen Düften erfüllt, und ich beneidete die Fledermäuse, die im Duft förmlich badeten, über sich die echten Sterne und unter sich die Sterne der Stiefmütterchen, und sie selbst waren lautlos und konnten – selbst wenn sie gewollt hätten – den herrschenden Frieden nicht stören. […] Um diese Zeit ist mein Garten voll von Goldlack, ich glaube, es gibt keine Farbe und Art, die ich nicht angepflanzt hätte. Die Beete unter den Südfenstern des Hauses, die letztes Jahr so leer und melancholisch dalagen, sind voll davon, vorne begrenzt von einem breiten Streifen gelber und weißer Stiefmütterchen von einem Ende zum anderen. Die Teerosenbeete gegenüber, rund um die Sonnenuhr, sind überzogen mit weißen, goldfarbenen, purpur- und weinroten Stiefmütterchen, und darüber die zarten, roten Triebe der Rosen. Auf den Verandastufen, die hinab in dieses Stiefmütterchenparadies führen, stehen auf beiden Seiten Kästen mit weißen, rosa und gelben Tulpen, und auf dem Rasen hinter den Rosen breiten sich zwei große Rabatten mit bunten Tulpen aus, die sich über einem Teppich aus Vergißmeinnicht erheben.

Einsamer Sommer

*D*ie Sonne strömte durch die beiden Fenster hinein, deren Blick nach Osten über die Bucht ging, und ergoß sich in den Saal, und die Tür zum Garten hinaus stand offen, und der Garten war voll von wunderschönen Dingen, besonders Freesien.

Der zarte und köstliche Wohlgeruch der Freesien drang durch die Tür und schwebte um Mrs. Wilkins' hingerissene Nüstern. In London waren Freesien unerschwinglich für sie. Gelegentlich ging sie in einen Blumenladen und fragte, was sie kosteten, einfach um eine Ausrede zu haben, einen Strauß Freesien hochzuheben und ihren Duft einzuziehen, wobei sie nur zu genau wußte, drei Stück kriegte man für den saftigen Preis von einem Schilling. Hier prangten sie en masse, sprossen an allen Ecken und Enden, legten Teppiche auf die Rosenbeete. Sich vorzustellen, daß man ganze Armvoll Freesien pflücken konnte, wenn man wollte, und der herrliche Sonnenschein, der ins Zimmer flutete, und ein Sommerkleid zu tragen, wo gerade erst der erste April war!

Verzauberter April

*D*en Gartenweg hinunter, vorbei an Fliederbüschen mit schwellenden dunklen Knospen und dem großen dreieckigen Beet mit Rosen und Stiefmütterchen davor, zwischen den Reihen von Monatsrosen und den Büscheln von Lilien und Fingerhut hindurch, gelangten wir gestern abend in den Frühlingsgarten auf der Lichtung rund um eine alte Eiche. Und hier war eine gefüllte Kirsche voll erblüht. Wie eine edle, weiße Nackte stand sie in der Abenddämmerung, dicht neben ihr, aber so spät nicht mehr sichtbar, zwei japanische Holzapfelbäume, die anmutigen Umrisse gesäumt von rosa Knospen. Das Gras dort ist voll von Narzissen, und am Fuß der Eiche tröstet mich eine Tulpenkolonie über den Verlust der purpurnen Krokusflecken hinweg, die noch vor kurzem so eifrig blühten.

Einsamer Sommer

GLÜCKSBRINGER UND SEELENTRÖSTER
Die heilsame Kraft der Natur

*T*atsächlich ist alles, was zu besitzen sich lohnt, für jedermann erreichbar. Man muß nur einmal übers Land gehen oder sich die geringe Mühe machen, vor die Tür zu treten und sich umzuschauen. Es sind Tausende von Dingen, die uns die Natur bei jedem Schritt aufdrängt, stets bereit, zu geben und uns zu segnen. Der Anblick der ersten blassen Blümchen in den Gehölzen; eine Anemone vor dem blauen Himmel, durch deren Blätter die Sonne scheint; der erste Schneefall im Herbst; die erste Schneeschmelze im Frühjahr; die stürmischen, fleißigen Winde, die den Winter wegblasen und das tote, welke Laub vor sich hertreiben; der warme Geruch der Kiefern – wie Brombeerduft –, wenn die Sonne auf ihnen liegt; der erste Februarabend, der länger werdende Tage verkündet, mit einem blaßgelben Himmelsstreifen hinter den Bäumen, von denen Regentropfen herunterperlen; das plötzliche Glücksgefühl, wenn der Winter gerade vorbei ist und der Frühling kommt; der Duft der jungen Lärchen ein paar Wochen später; der Strauß Sumpfdotterblumen, den man immer wieder küssen muß, weil er so vollkommen ist, so göttlich süß und von allen Küssen der Welt keiner so auserlesen – wer die Freude, die Glückseligkeit in solchen Dingen verspürt, wird sie nicht eintauschen, und sollte er dafür die ganze Welt gewinnen mit all ihren Schornsteinen und Mauern und dem Staub und dem ganzen Trübsinn. Wir wissen ja, daß weltlicher Gewinn noch nie ein Ausgleich für den Verlust der Seele war.

Einsamer Sommer

*W*ill man die Seele von den trostlosen Verkrustungen befreien, die sich unweigerlich bilden, wenn man versucht, seine Pflicht zu tun, oder geduldig erträgt, bis andere die ihre einem selbst gegenüber erfüllen, so kenne ich keine sicherere Methode, als sich mutterseelenallein hinaus in die Natur zu begeben – entweder bei Tagesanbruch, wenn die Erde noch unbefleckt von den Füßen der Emsigen und nur Gott zugegen ist, oder am Abend, wenn sich die Stille herabgesenkt hat. Dann schaue ich empor zu den Sternen und wundere mich über die Nichtigkeiten des vergangenen Tages, über die Wertlosigkeit der Dinge, um die man sich bemüht hat, über die Torheit, so wütend und so rastlos und voller Angst gewesen zu sein. Nichts führt einem das Leben besser vor Augen, als des Nachts ein Weilchen mit den Sternen Zwiesprache zu halten. Was sind schon pflichtschuldige Abendgebete, heruntergeleiert zwischen Kissen und Dekken, verglichen mit solch tiefer Demut vor der Erhabenheit des Himmels? Und welchen Wert haben jene hastigen Morgenandachten, die, gestört von der Befürchtung, der Kaffee könnte kalt werden und dadurch den in jedem Haus zu findenden notorischen Nörgler noch mehr als gewöhnlich erzürnen, den neuen Tag zu einem glücklichen weihen sollen, verglichen mit einem Spaziergang in der Morgenfrische, bei dem man Gott unter seinem weiten Himmel aus freien Stükken dafür dankt, daß er so gütig zu uns ist? Nachdem ich dort oben im sonnendurchfluteten Raum zwischen den glänzenden Farnen mein luftiges Te Deum dargebracht hatte, ging ich so unbeschwert meines Weges wie noch nie nach einer häuslichen Andacht. Der Wald war an jenem Morgen so heiter, so funkelnd, so voll von emsigen, glücklichen Geschöpfen, daß nur ein bedauernswertes Herz in einer solchen Gesellschaft nicht fröhlich gewesen wäre. Hier, wo alles Gesundheit und Frische atmete, war einfach kein Platz für Reue, für schuldbewußtes Sich-auf-die-Brust-Schlagen; und ich finde in der Tat, daß wir schrecklich viel Zeit mit Bereuen und Bedauern verschwenden. Die ratsame, die einzig vernünftige Einstellung gegenüber einem gemachten Fehler oder einer begangenen Sünde besteht sicherlich darin, seine moralischen Schultern kräftig zu schütteln, kräftig genug, um Fehler und Sünden abzuschütteln und aus dem Gedächtnis zu verbannen. Die Sünde selbst war ohnehin eine schlimme Zeitverschwendung, und so sollte keine weitere Zeit mehr damit vertan werden, wehmütig darüber nachzusinnen. Sollen wir armen Menschen, die wir aufgrund unserer zahlreichen körperlichen Schwächen und Gebrechen im Kampf mit dem Schicksal ohnehin von Anfang an im Hintertreffen sind, auch noch unsere Seelen mit einer stets größer werdenden Bürde von Reue und Zerknirschtheit belasten? Sollen wir uns von der Last lebhafter Erinnerungen das Herz brechen lassen? Wie vermögen wir das Leben zu ertragen, wenn wir andauernd in den Sumpf aus bitteren und oft ungerechten Selbstvorwürfen fallen? Jeder Morgen gibt uns das Licht zurück und damit eine neue Chance, uns zu bessern. Ist es nicht die reinste Idiotie und Undankbarkeit, sich das Heute, das uns Gott schenkt, vom Gestern verderben zu lassen?

In der Nacht hatte sich starker Tau gebildet, und so war das Moos entlang des Weges ganz durchtränkt davon. Die Blätter der schlanken jungen Buchen funkelten vor Nässe, und die auf beiden Seiten überhängenden Farne benetzten mein Kleid, als ich durch sie hindurchging. Nirgendwo gab es eine düstere Ecke, die zum Trübsalblasen einlud. Selbst die Eichelhäher hätten einen ausgelacht und aus der Fassung gebracht, wenn man dagesessen und ein bekümmertes Gesicht gemacht hätte. Bisweilen verengte sich der Pfad, und die Baumkronen verdeckten den Himmel; dann wieder führte er mich auf eine besonnte Lichtung und einmal an einer Reihe mächtiger Buchen entlang, hinter der sich eine Wiese den Hang hinaufzog, über deren Grashalmen die Hitze tanzte. Eichhörnchen waren meine ständigen Begleiter. Sie schnatterten und tollten vergnügt herum, wie es kluge Eichhörnchen eben tun, die ganz in der Gegenwart leben. Und hoch über meinem Kopf sangen Lerchen in sorgloser Wonne, weil sie ja keine Ahnung hatten, daß sie wahrscheinlich schlimme Lerchen mit Vergangenheit waren; und zu meinen Füßen lagen Eidechsen reglos in der Sonne, ohne zu wissen, wie schlecht es sich ziemt, untätig in der Sonne zu liegen, sobald man Kleider trägt und ein Gewissen hat. Was den Duft des Waldes betrifft, so kennt ihn ein jeder, der frühmorgens nach einer taureichen Nacht jemals durch ein Gehölz streifte, und weiß, wie er die Lebensgeister dessen weckt, der ihn einatmet. Daher brauche ich nicht weiter zu schildern, wie glücklich und gestärkt ich einen langgezogenen, dichtbewaldeten Hügel hinaufstieg.

Elizabeth auf Rügen

*W*er mit der Natur von Angesicht zu Angesicht lebt, wird sich selten entmutigen lassen. Maulwürfe und später Frost – beides gibt es hier reichlich – haben mich oft betrübt und enttäuscht, doch selbst die, meine schlimmsten Feinde, konnten mir den Mut nicht nehmen. Bisweilen gerate ich zwar in einen Zustand, mich zu gar nichts mehr aufraffen zu können. Doch wenn es soweit mit mir gekommen ist, mache ich einen flotten Spaziergang im Sonnenschein, und im Nu geht es mir wieder besser. Im Garten zu leben macht gesund, gesund an Leib und Seele, und wenn ich behaupte, Maulwürfe und späte Fröste seien meine schlimmsten Feinde, so zeigt das nur, daß ich niemals imstande wäre, mich hinzusetzen und über die Missetaten meiner Nächsten zu grübeln. Die frische Brise in meinem Garten hat längst alle Sorge, Verdrießlichkeit und jeden Groll weggeblasen, damit schlagen sich nur die herum, die in der Menge leben. Der stärkste Frost, der alle meine Hoffnungen für ein ganzes Jahr zunichte gemacht hat, tut meinem Gemüt immer noch wohler, als eine einzige boshaft gemeinte Lüge oder Wahrheit anhören zu müssen. Und mir ist ein Maulwurf, der Tunnel unter meine Rosenbäumchen gräbt und Luft an ihre Wurzeln kommen läßt, immer noch lieber als ein Gruß ohne Wärme und Freundlichkeit. Was gibt es Besseres, als gesund und glücklich zu sein, dazu an einem Ort, wo ich sein möchte. Ein Mann hat es mir einmal vorgeworfen, daß ich so glücklich und zufrieden bin. Er sagte, jedermann habe sein Kreuz zu tragen, wir lebten in einem Jammertal. Dazu bemerkte ich, Maulwürfe seien mein schlimmstes Kreuz, und zeigte ihm die großen, schwarzen Hügel, mit denen sie den Tennisplatz dekoriert hatten, doch was das Jammertal betrifft, so könne ich ihm nicht zustimmen, mein Glaube an die Welt als liebenswerter und freundlicher Ort sei nun mal nicht zu erschüttern. Wir fänden dort alles, was uns glücklich macht, solange wir nur bescheiden blieben und uns beschränkten. Kummer und Krankheit, beharrte er, würden aber bestimmt kommen, und er wurde richtig wütend auf mich, als ich andeutete, auch sie könnten vielleicht mit Gleichmut ertragen werden. »Und haben nicht sogar diese Dinge ihre guten Seiten?« rief ich aus. »Selbst wenn ich bis zum Kragen in Krankheiten und Behandlungen steckte, hätte ich wenigstens etwas zu erzählen, was meine Freundinnen interessierte, und brauchte mir nicht, wie es jetzt der Fall ist, den Kopf darüber zu zerbrechen, was ich als nächstes sagen soll, und zu wünschen, sie würden sich endlich verabschieden.« Rings um mich her, erwiderte er, gäbe es nur Elend, Sünde und Leid, und jeder Mensch, der nicht ganz und gar von Selbstsucht verblendet sei, müsse das wahrnehmen und sich den Ernst, die Tragödie des Lebens vor Augen halten. Ich fragte ihn, ob es irgendwem helfen würde, wenn ich selbst elend und unzufrieden wäre, und er sagte, wir müßten alle unsere Bürde auf uns nehmen. Darauf versicherte ich ihm, ich weiche vor der meinen nicht zurück, obwohl ich mich insgeheim schämte, weil es sich dabei nur um Maulwürfe handelte. Kopfschüttelnd und mit finsterer Miene machte er sich auf den Heimweg zu seiner Frau und seinen elf Kindern. Kurz darauf hörte ich, das zwölfte Kind sei zur Welt gekommen und seine Frau gestorben, und als sie starb, habe sie mit unbegreiflichem Groll ihr Gesicht von ihm weg zur Wand gedreht. Die Gerüchte über seine unerschütterliche Frömmigkeit drangen sogar zu mir in den Garten. Er habe, als er ihr die Augen zudrückte, gesagt: »Es ist Gottes Wille.« Er war ein Missionar.

Was aber soll es schon nützen, einer Frau mit einem Garten zu erklären, sie solle gefälligst in sich gehen, weil sie glücklich sei? Die frische Luft ist voller Leben, sie trägt solche Vorwürfe auf und davon, und man lacht darüber. Sie treiben mit dem Duft der Stockrosen dahin, du stehst im Sonnenschein und schaust auf deine heiteren Blumen und glaubst inständiger als je zuvor, es sei gut und richtig, dankbar zu sein. Oh, was für eine süße, sichere Zuflucht so ein Garten ist! Ob ich müde bin, weil ich mich zuviel gefreut habe, oder müde, weil ich zuviel Ärger mit den Dienstboten gehabt oder zu lange mit Missionaren geredet habe – ich brauche nur die Verandastufen hinunterzusteigen und bin sofort ruhig, fröhlich und ganz wieder ich selbst. Mitunter fühle ich es förmlich, wie sich, während ich die Stufen hinuntergehe, eine sanfte, segnende Hand auf meinen Kopf legt. Das kommt wohl von der Stille, die in meine Seele einzieht, sobald ich das enge, unruhige Haus verlasse und in diese Reinheit eintrete.

Einsamer Sommer

*I*ch weiß gar nicht, wann es hier oben am schönsten ist – am Morgen, wenn die Hitze in feinen Dunstschleiern überm Tal liegt und die Bergketten in zarten Abstufungen von Violett und Grau allmählich in der Ferne verschwimmen? Oder nachts, wenn ich über den Rand der Terrasse blicke und die Lichter im Tal schimmern sehe, als spiegelten sie sich im Wasser?

Es ist, als sähe ich das alles zum erstenmal, mit neuen Augen. Gewiß, auch bei früheren Aufenthalten habe ich mich daran erfreut, aber damals ging es in der Fülle anderer Eindrücke unter, es war nur einer der vielen Glücksmomente, von denen jene Tage voll waren und die meine Aufmerksamkeit und meine Gedanken in Anspruch nahmen. Ich fühlte mich dabei zwar herrlich und voll froher Zuversicht, aber sie entrissen mich dem, was ich in Ermangelung eines besseren Worts (ein besseres Wort: welch eine Aussage!) nur Gott nennen kann. Nun sind jene Hoffnungen und Herrlichkeiten, jene anderen Freuden und frohen Erwartungen dahin; und die Wunden, die sie zurückließen, die fürchterlichen, schmerzhaften Stellen, auch sie heilen langsam. Die Schönheit der Natur nehme ich nun mit einer neuen Empfindungsfähigkeit wahr, mit den staunenden Augen einer Person, die lange Zeit unter entsetzlichen Träumen gelitten hat und eines Morgens aufwacht und merkt, daß der Fieberwahn weg ist, und die nun wie neugeboren daliegt, unendlich froh und dankbar, und mit allen Fasern ihres Wesens die wunderbaren, ganz alltäglichen Dinge des Lebens in sich aufnimmt: die Sonne, die auf ihre Bettdecke scheint, die Gerüche des

Gartens, die durch ihr Fenster dringen, den bloßen Duft des Kaffees, der gerade zum Frühstück bereitet wird. Oh, Wonne über Wonne bei dem Gedanken, daß man diesmal nicht gestorben ist, diesmal doch nicht sterben wird, sondern sich allmählich wieder erholt, um zu leben, bald wieder ganz gesund sein wird und zu seinen Freunden zurückkehren kann, zu den Leuten, die einen immer noch mögen …

Ein Chalet in den Bergen

Sie standen da und bestaunten schweigend diese Fülle von Liebreiz, dieses glückliche Durcheinander. Nein, es spielte keine Rolle, was Mrs. Fisher machte; nicht hier; nicht angesichts solcher Schönheit. Mrs. Arbuthnots Unruhe schwand dahin. In dieser wohligen Wärme und bei diesem Anblick, der ihr wie eine Manifestation vorkam, eine völlig neue Seite Gottes, wie konnte man da unruhig sein? Wenn nur Frederick bei ihr wäre, um das auch zu sehen, zu sehen, wie er das am Anfang ihrer jungen Liebe getan hatte, in den Tagen, als er sah, was sie sah, und das liebte, was sie liebte …

Sie seufzte.

»Im Paradies seufzt man nicht«, sagte Mrs. Wilkins. »Das gehört sich nicht.«

»Ich dachte gerade daran, wie man sich sehnt, dies hier mit denen zu teilen, die man liebt«, sagte Mrs. Arbuthnot.

»Im Paradies sehnt man sich nicht, es ist unangebracht«, sagte Mrs. Wilkins. »Eigentlich wird erwartet, daß man wunschlos ist. Und es ist doch das Paradies, Rose, oder? Schau nur, wie alles sich zusammenfügt – Löwenzahn und Schwertlilien, Alltägliches und Höheres, ich und Mrs. Fisher –, alles ist willkommen, alles vermengt sich irgendwie, und alles ist sichtlich glücklich und freut sich des Lebens.«

»Mrs. Fisher scheint nicht gerade glücklich zu sein – jedenfalls nicht sichtlich«, warf Mrs. Arbuthnot lächelnd ein.

»Du wirst schon sehen, das fängt bald an.«

Mrs. Arbuthnot meinte darauf, sie glaube nicht, daß Leute nach einem bestimmten Alter mit irgend etwas anfingen.

Mrs. Wilkins hingegen betonte, sie sei überzeugt, daß niemand, gleichgültig, wie alt und verhärtet, sich der Wirkung vollkommener Schönheit entziehen könne. Schon in wenigen Tagen, vielleicht auch nur Stunden, könnten sie sehen, wie Mrs. Fisher in Überschwang ausbrechen würde. »Ich bin überzeugt«, sagte Mrs. Wilkins, »daß wir uns im Paradies befinden, und wenn das auch Mrs. Fisher bewußt geworden ist, muß sie sich anders verhalten. Du wirst schon sehen. Dann wird sie nicht mehr verknöchert herumstaksen, sondern weich und schmiegsam sein, und wir – also mich würde das überhaupt nicht überraschen – könnten sie richtig gern haben.«

Die Vorstellung, Mrs. Fisher würde in irgend etwas ausbrechen, sie, die besonders zugeknöpft schien und sich einigelte, brachte Mrs. Arbuthnot zum Lachen. Sie vergab Lotty ihr loses Gerede über das Paradies, denn an einem solchen Ort, an einem solchen Morgen, lag Vergebung in der Luft. [...]

Sie verließen den Weg und stiegen die Terrassen mit den Olivenbäumen hinunter, immer weiter hinunter, bis am Fuße des Hangs das warme schläfrige Meer sanft zwischen den Klippen wogte. Dort wuchs, ganz nah am Wasser, eine Pinie, und sie setzten sich in ihren Schatten, und nur einige wenige Meter entfernt lag ein Fischerboot fast bewegungslos und grünbäuchig auf dem Wasser. Die Wellen machten kleine gurgelnde Laute zu ihren Füßen. Sie kniffen die Augen zusammen, um in das helle Licht jenseits des Schattens ihres Baumes sehen zu können. Der warme Duft der Piniennadeln und der wilden Thymiankissen, die die Spalten zwischen den Klippen polsterten, und der Geruch von reinem Honig, der gelegentlich aus einem Büschel besonnter Lilien hinter ihnen aufstieg, streiften ihre Gesichter. Bald schon zog sich Mrs. Wilkins Schuhe und Strümpfe aus und ließ ihre Füße ins Wasser hängen. Nachdem Mrs. Arbuthnot ihr einen Moment lang zugeschaut hatte, tat sie desgleichen. Das Glück der beiden war damit vollkommen. Ihre Männer würden sie nicht wiedererkannt haben. Sie hörten auf zu reden. Sie unterließen es, das Paradies zu erwähnen. Sie waren nur noch empfangende Schalen.

Verzauberter April

*O*h, und wie wohl ich mich fühlte! Thiessow war so ruhig und urtümlich, der Nachmittag so leuchtend hell, der Anblick des Meeres, der silbrigen Linie des Sandstrands und des gedämpften Grüns der Tannen im Hintergrund so bezaubernd schön. Lobenswert weit weg im Norden sah ich den Hügel der Küstenwache, der schon zu Göhren gehörte. Die kleinen Gehölze zu meiner Rechten gingen weiter oben in einen Buchenwald über, der sich zu den Klippen hochzog, die das Ende der Halbinsel zu bilden schienen. Später, nach dem Baden, würde ich mich aufmachen und das alles erkunden. Denn für mein Leben gern erforsche ich die kleinen Pfade eines unbekannten Waldes, entdecke die verborgenen Stellen voller Immergrün und Anemonen, spähe Vogelnester aus, warte regungslos auf Igel und Eichhörnchen und spüre sogar jene üppig wuchernden, feucht schmierigen Schlupfwinkel der glücklichen Nacktschnecken auf. Es wird behauptet, daß Nacktschnecken nicht wirklich glücklich seien, daß die Natur grausam sei und man nur an der angenehmen Oberfläche zu kratzen brauche, um sogleich auf grauenerregende Brutalitäten zu stoßen. Vielleicht trifft man beim Weiterkratzen am Ende wieder auf Tröstliches und Wohltuendes, aber warum eigentlich überhaupt kratzen? Warum die Schönheit nicht einfach hinnehmen und dankbar sein? Ich jedenfalls werde nicht kratzen. Ich werde Mutter Natur nicht kritisieren, die mich so lange an ihrem fülligen Busen geborgen hat und mir so lange die verläßlichste Führerin zu allem Schönen und Guten gewesen ist. Ganz gleich, was sie tut, ob sie mir nun Blitz und Donner oder

Kopfschmerzen schickt, ich werde sie nicht kritisieren; denn ist es nicht wunderbar, wenn die Kopfschmerzen wieder abklingen? Und sollte sie einen Blitz auf mich herabschleudern und ich auf der Stelle tot sein, werden aus meinen sterblichen Überresten neues Leben und Wachstum hervorgehen und unsterbliche Generationen von Gänseblümchen erblühen.

Elizabeth auf Rügen

*U*nd wie stand es mit Mrs. Fisher? Ihre Unruhe nahm in dieser zweiten Woche zu. Und zwar in einem solchen Ausmaß, daß sie genausogut ohne ihren privaten Salotto hätte sein können, denn sie schaffte es nicht mehr, ruhig zu sitzen. Nicht einmal zehn Minuten gelang ihr das. Und während die Tage der zweiten Woche verstrichen, gesellte sich zu dieser Unruhe noch das merkwürdige, sie verstörende Empfinden, als steige Lebenssaft in ihr hoch. Sie kannte das Gefühl, denn sie hatte es manchmal als Mädchen in einem besonders plötzlichen Frühling gehabt, wenn Lilien und Fliederbüsche in einer Nacht aufblühten, aber es war seltsam, es nach über fünfzig Jahren wieder zu verspüren. Sie hätte gern mit jemandem darüber gesprochen, aber sie schämte sich. Ein unsinniges Gefühl in ihrem Alter. Doch immer häufiger und mit jedem Tag stärker hatte Mrs. Fisher das lächerliche Gefühl, als würde sie bald knospen.

Mit Strenge versuchte sie dieses ungehörige Gefühl zum Schweigen zu bringen. Also wirklich, knospen. Sie hatte von dürren Stecken gehört, nur noch Stücke toten Holzes, aus denen plötzlich junge Blätter sprossen, allerdings bloß in Legenden. Sie war aber nicht in einer Legende. Sie wußte nur allzu gut, was sich ziemte. Ihre Würde verlangte, daß sie in ihrem Alter nichts mit frischen Trieben zu schaffen hatte; und dennoch, da war es, dieses Gefühl, sie könnte bald schon, in jedem Augenblick, ergrünen.

Verzauberter April

57

*L*aß mich deine Aufmerksamkeit, o altehrwürdige Frau, die du am Ende meines Lebens sein wirst, lenken auf die Farbe der Bäume und Sträucher an diesem Ort, wo du einst die Herbstmonate verbrachtest, die dir nun so fern erscheinen. Weißt du noch, daß sie aussahen wie Flammen und daß selbst die Luft einen goldenen Schimmer hatte? Die Haselnußsträucher – erinnerst du dich an sie? Die den Pfad säumten, der von der Terrasse ins Tal hinabführte? Daß jeder einzelne Strauch wie ein Bündel von Licht war? Weißt du noch, wie du den heutigen Tag verbrachtest, den 22. September 1919, als du unter einem dieser Büsche auf einer Decke in der Sonne lagst und froh und zufrieden auf die goldgelben Blätter starrtest, die sich gegen den wundervollen Himmel abzeichneten? Du wirst es wohl vergessen haben. Du denkst nur noch an die nächste Mahlzeit und daß man dich ins Bett legt. Dabei hast du heute wirklich einen erinnerungswürdigen Tag verbracht. Du warst rundum zufrieden. Du warst ganz im Einklang mit der Gegenwart, ohne ein einziges Mal an die Vergangenheit zu denken, einer Zeit, der gegenüber du damals noch nicht jene sorglose Gleichgültigkeit einnehmen konntest, die dich heute auszeichnet, oder über die Zukunft nachzugrübeln, die dich damals, wie sehr dich das auch heute belustigen mag, mit Zweifel und oft auch mit Angst erfüllte. Mrs. Barnes ließ dich heute gehen, da sie die Privilegien, die einem Rekonvaleszenten zustehen, anerkennt, und du nahmst ein Kissen und eine Decke – wie rührig du doch damals warst –, und so bliebst du den lieben langen Tag liegen, die Sonne schien warm auf deinen Körper, frische Luft hüllte dich ein, und du dachtest nur an angenehme Dinge. Fast wie ein Baby fühltest du dich; ein Baby, das Daumen lutschend auf dem Rücken liegt und seelenruhig die Decke des Kinderzimmers betrachtet. Aber die Decke war das mächtige Himmelsgewölbe mit zwei Adlern, die ganz weit oben ihre Kreise zogen, und wenn sie ihre Schwingen neigten, glänzte ihr Gefieder in der Sonne.

Es ist ein Jammer, daß man diese Dinge vergißt. Letztlich sind sie es, die das Leben wertvoll machen.

Ein Chalet in den Bergen

DIE HOHE KUNST DES GÄRTNERNS
Von den Freuden selbstgemachten Gartenglücks

*M*it einem Lächeln und einem Schauder wandte ich mich von dem Beet und seinen Erinnerungen ab und der Tür in der Mauer zu, die in den Küchengarten führte, wo früher in einer Ecke mein eigener kleiner Garten gewesen war. Die Tür war offen, und ich stand einen Augenblick still, bevor ich hindurchging, um mit angehaltenem Atem zu lauschen. Die Stille war so tief wie zuvor. […]

Dieses Stückchen Boden, das man nun, wie ich sah, in einen Steingarten verwandelt hatte, war einst der Schauplatz meines unermüdlichen Werkelns gewesen. In die kalte Erde dieses Nordbeets, auf das niemals die Sonne schien, hatte ich meine schönsten Hoffnungen eingegraben. Mein ganzes Taschengeld wurde dafür ausgegeben, und da die Blumenzwiebeln teuer waren und das, was ich in der Woche bekam, so wenig war, hatte ich mir in einer verhängnisvollen Stunde etwas von Fräulein Wundermacher geborgt, ihr meine Freiheit verkauft und mich ganz in ihre Macht begeben. Infolgedessen war ich gezwungen, bis zu meinem nächsten Geburtstag in ihrer Gegenwart eine unnatürliche Verbindlichkeit in Sprache und Benehmen an den Tag zu legen, gegen die meine Seele aufbegehrte. Und am Ende kam doch nichts heraus. Die Mühe des Grabens und Gießens, der ängstliche Eifer, mit dem ich mich auf jedes Unkraut stürzte, das Grübeln über Gartenbüchern, die Pläne, die ich machte, wenn ich auf der kleinen Bank in der Mitte saß und bewundernd mit gläubigen Augen die ordentliche Erdfläche ansah, die alsbald mit tausend Blumen geschmückt sein würde, das rücksichtslose Ausgeben der Pfennige, das

Demütigende meiner Lage gegenüber Fräulein Wundermacher – alles, alles war umsonst gewesen. Hier kam keine Sonne hin, und hier wuchs nichts. Der Gärtner, in jenen Tagen ein unbeschränkter Herrscher, hatte mir dieses große Beet nur aus einem einzigen Grund überlassen: weil er selbst nichts damit anfangen konnte. Zweifellos war er der Auffassung, es sei gerade gut genug für ein Kind zum Experimentieren, und nachdem ich ihm meine überschwengliche Dankbarkeit ausgedrückt hatte, ging er mit unbewegter Miene seiner Wege. Über ein Jahr lang arbeitete und wartete ich und beobachtete das Gedeihen des blühenden Obstgartens gegenüber mit Staunen. Der Obstgarten war nur ein paar Meter entfernt, und doch, obwohl mein Garten gedüngt und gegossen und gepflegt wurde, wie es bei dem Obstgarten nie geschah, waren ein paar unselige Ansätze von Wachstum alles, was er vorzuweisen hatte, und die blieben entweder unentwickelt und brachten keine Blumen hervor oder sie verwelkten wieder und verschwanden. Einmal fragte ich schüchtern den Gärtner, ob er diese Zeichen und Wunder erklären könnte, doch er war sehr beschäftigt und hatte keine Zeit, Fragen zu beantworten. Also teilte er mir nur kurz mit, Gärtnern sei nicht an einem Tag zu erlernen. Wie gut ich mich an diesen Tag erinnerte, sogar an die Form der trägen Wolken und die Frühlingsgerüche und wie ich selbst eingeschüchtert davonging und auf der wackligen Bank in meinem Reich saß und mich zum hundertsten Mal fragte, was denn der Unterschied zwischen meinem Beet und dem Stück Obstgarten vor mir war. Die Obstbäume, weit genug von der Mauer entfernt, das heißt außerhalb der Reichweite ihres kalten Schattens, wiegten ihre blütenbeladenen Kronen so sorglos und zufrieden im Sonnenschein, daß Neid mein Herz erfüllte. In dem Feld hinter ihnen war eine kleine Anhöhe, und am Fuß dieses schützenden Abhangs schwelgten sie im unverschämten Glanz ihrer weißen und rosa Vollkommenheit. Es war Mai, und mein Herz blutete beim Gedanken an die Tulpen, die ich im November gesetzt und seither nicht wiedergesehen hatte. Der ganze übrige Garten flammte von Tulpen. Hinter mir, auf der anderen Seite der Mauer, standen sie in Reihen hintereinander, Kelche von durchsichtiger Lieblichkeit, ein juwelenbesetzter Ring rund um den Rasen. Aber was gab es nicht auf der anderen Seite der Mauer? Dort kam alles heraus und wuchs und blühte, genau wie es in meinen Gartenbüchern stand. Und vor mir, in dem fröhlichen Obstgarten, wucherten gar Pflanzen, die niemand gehegt und gepflegt oder auch nur beachtet hatte, vergnügt unter den Bäumen – Narzissen stießen ihre Speere durch das Gras, Krokusse äugten neugierig hervor, Schneeglöckchen enthüllten ihre kalten, kleinen Gesichter, wenn die ersten schaudernden Frühlingstage kamen. Nur auf meinem Beet, das ich so liebte, war es fortwährend häßlich und leer. Und an diesem strahlenden Tag saß ich da in Gedanken an diese Dinge und weinte laut.

Da kam ein Lehrling vorbei, ein Junge, den ich schon oft geschäftig hatte graben sehen; er nahm meine ungewohnten Tränen wahr und vielleicht fiel ihm der Unterschied zwischen meinem Garten und der üppigen Pracht ringsumher auf. Jedenfalls blieb er mit seiner Schubkarre auf dem Weg vor mir stehen und bemerkte, niemand könne erwarten, einen Stein zu erweichen.

Die offenkundige Unverständlichkeit dieser Feststellung ließ mich nur noch lauter weinen, bittere Tränen gekränkten Kummers. Aber er blieb bei seinem Standpunkt und hielt mir vom Weg aus einen Vortrag, erklärte mir den Zusammenhang von Nordmauern und Tulpen und Steinen, bis meine Tränen getrocknet waren und ich aufmerksam zuhörte, denn die Schlußfolgerung aus seinen Anmerkungen war schlicht, daß mich der Obergärtner, ein Mensch ohne Prinzipien, schändlich betrogen hatte, weswegen ich ihm für immer mißtrauen und aus dem Weg gehen mußte. Ich stand auf dem Weg, von dem aus mir der freundliche Lehrling sein Sprichwort verständlich gemacht hatte, und diese Szene stand plötzlich so klar vor mir, als wäre sie am heutigen Tag geschehen. Aber wie anders sah alles aus, und wieviel kleiner war es geworden! War dies der weite Obstgarten, der sich mit dem ansteigenden Feld dahinter bis an die Himmelstore zu erstrecken schien? Ich glaube, jedes Kind, das viel allein ist, durchlebt eine gewisse Zeit, in der es stündlich den Tag des Jüngsten Gerichts erwartet, und ich war mir sicher, daß an diesem Tag die himmlischen Heerscharen auf diesem Feld die Erde betreten würden, in leuchtenden Reihen die Anhöhe hinabströmend, die Narzissen unter ihren Füßen zertretend, den Obstgarten mit ihren Jubelgesängen erfüllend und freudig die Schafe von den Bökken scheidend. Natürlich war ich ein Schaf und meine Gouvernante und der Obergärtner Böcke, so daß das Ergebnis in jeder Hinsicht befriedigend ausfallen würde. Aber als ich jetzt hinauf zu dem Hügel blickte und mich an meine Visionen erinnerte, mußte ich über das kleine Feld lachen, von dem ich angenommen hatte, es könne den ganzen Himmel aufnehmen.

Garten der Kindheit

*I*ch wußte im letzten Jahr rein gar nichts über Gartenarbeit, und dieses Jahr weiß ich nur wenig mehr, doch habe ich eine leise Ahnung, was getan werden könnte, habe zumindest einen bedeutenden Schritt nach vorn getan: von Prunkwinden zu Teerosen.

Der Garten war die reinste Wildnis. Sie erstreckt sich rund ums Haus, hauptsächlich aber auf der Südseite, und dies offensichtlich schon seit Ewigkeiten. Die Südfront ist einstöckig, eine Flucht von Zimmern, die ineinander übergehen, die Wände sind von wildem Wein bewachsen. In der Mitte gibt es eine kleine Veranda, von der einige hinfällige Holzstufen hinabführen zu der einzigen Stelle auf dem ganzen Gut, aus der man sich je etwas gemacht zu haben scheint. Es ist ein in den Rasen eingeschnittener Halbkreis, umgeben von Liguster, und in diesem Halbkreis sind elf Beete unterschiedlicher Größe, die wiederum von Buchs eingerahmt und um eine Sonnenuhr angeordnet sind, und die Sonnenuhr ist altehrwürdig und moosbewachsen und meine innige Liebe. Diese Beete waren das einzig sichtbare Zeichen eines Versuchs, den Garten zu kultivieren (außer einem einsamen Krokus, der aus eigenem Antrieb jedes Frühjahr sproß, nicht weil er es wollte, sondern weil er nicht anders konnte), und in all diese elf Beete hatte ich Prunkwinden gesät, nachdem ich einen deutschen Gartenratgeber gefunden hatte, dem zufolge Prunkwinden in Riesenmengen das einzig Brauchbare seien, um die abscheulichste Einöde in ein Paradies zu verwandeln. Nichts anderes wurde in diesem Buch mit derselben Wärme empfohlen, und da ich nicht den geringsten

Schimmer hatte, wieviel Samen notwendig waren, kaufte ich zehn Pfund und ließ sie nicht nur in den elf Beeten aussäen, sondern um fast jeden Baum herum und wartete dann in großer Erregung auf das versprochene Paradies. Nichts geschah, und ich erhielt meine erste Lektion.

Glücklicherweise hatte ich auf zwei großen Flecken Land Gartenwicken gesät, die mich den ganzen Sommer über glücklich machten, ferner wuchsen unter den Südfenstern ein paar Sonnenblumen und einige Stockrosen, dazwischen Madonnenlilien. Aber nachdem ich die Lilien umgepflanzt hatte, verschwanden sie zu meiner großen Bestürzung; wie sollte ich mich auch in den Eigenheiten der Lilien auskennen? Und die Stockrosen entpuppten sich als ziemlich häßlich in der Farbe, so daß einzig und allein die Gartenwicken meinen ersten Sommer zierten und verschönten.

Gerade können wir wieder nach all der hektischen Geschäftigkeit, rechtzeitig für den Sommer die neuen Beete, Rabatte und Wege anzulegen, etwas aufatmen. Die elf Beete rings um die Sonnenuhr sind voller Rosen, aber ich sehe schon, daß ich bei einigen Fehler gemacht habe. Da ich keine Menschenseele habe, mit der ich darüber (oder über sonst etwas) Erfahrungen austauschen könnte, ist Fehlermachen hier meine einzige Art zu lernen. Alle elf Beete sollten einen Teppich von purpurfarbenen Stiefmütterchen bekommen, aber als ich entdeckte, daß nicht genügend vorhanden waren und niemand mir welche zu verkaufen hatte, haben nur sechs ihre Stiefmütterchen bekommen, in den übrigen ist Zwergreseda gesät. Zwei von den elf Beeten haben Marie-van-Houtte-Rosen, zwei Vicomtesse Folkestone, zwei Laurette Messimy, eines hat Souvenir de la Malmaison, eines Adam und Devoniensies, zwei haben Persisch-Gelb und Bicolor, und ein großes Beet hinter der Sonnenuhr hat drei Sorten roter Rosen (zweiundsiebzig in allem): Herzog von Teck, Cheshunt Scharlach und Prefet de Limburg. Dieses Beet ist bestimmt ein Fehler, einige andere vermutlich ebenfalls, aber ich muß natürlich abwarten, da ich nun mal so wenig Bescheid weiß. Außerdem habe ich auf jeder Seite des Halbkreises zwei längliche Beete ausheben lassen und Gartenreseda gesät; in eines habe ich Marie-van-Houtte gesetzt, ins andere Jules Finger-und-die-Braut; und in einem warmen Winkel unter den Salonfenstern befindet sich ein Beet mit Madame Lambard, Madame de Watteville und Comtesse Riza du Parc; weiter hinten im Garten ist, geschützt von einer Gruppe Buchen und Fliedersträucher im Norden und Westen, noch ein großes Beet mit Rubens, Madame Joseph Schwartz und die Ehrenwerte Edith Gifford. Das sind Zwergrosen; ich habe nur zwei Rosenbäumchen im ganzen Garten, zwei Madame George Bruants, und sie ähneln Besenstielen. Wie ich mich nach dem Tag sehne, an dem die Teerosen erblühen! Noch nie habe ich mich so unmäßig auf etwas gefreut; und jeden Tag mache ich die Runde und bewundere, was die lieben Kleinen in den vierundzwanzig Stunden an neuen Blättern oder lieblich roten Sprossen hervorgebracht haben.

Die Stockrosen und Lilien (die jetzt blühen) sind noch unter den Südfenstern in einer schmalen Rabatte auf einem

Grashügel, an dessen Fuß ich zwei lange Rabatten Gartenwicken gesät habe, den Rosenbeeten gegenüber, damit meine
Rosen bis in den Herbst hinein etwas anzuschauen haben,
das beinah so liebreizend ist wie sie selbst, wonach dann alles Platz machen muß für weitere Teerosen. Der Weg, der
von diesem Halbkreis weiter in den Garten führt, ist gesäumt von Chinesischen Rosen, weißen und rosafarbenen,
hier und da von einem Persisch-Gelb. Ich wünschte mir, ich
hätte Teerosen dort gepflanzt, und mir schwant Schlimmes
bei der Wirkung des Persisch-Gelbs zwischen den Chinesischen Rosen, denn letztere sind solche Winzlinge, und das
Persisch-Gelb sieht so aus, als wolle es zu mächtigen Büschen werden.

Kein Geschöpf in dieser ganzen Gegend hier kann auch
nur annähernd verstehen, mit welchem Herzklopfen ich
mich auf das Aufblühen dieser Rosen freue! Gibt es doch
nicht ein deutsches Gartenbuch, das nicht alle Teerosen ins
Treibhaus verbannt, sie lebenslang einsperrt und so für alle
Zeit dem Odem Gottes entzieht. Zweifellos war es reine Un-
wissenheit, daß ich dort, wo teutonische Engel keinen Fuß
aufzusetzen wagen, fröhlich hineingestürzt bin und meine
Teerosen dem nördlichen Winter ausgesetzt habe; doch sie
haben ihm unter Kiefernzweigen und Laub ins Gesicht geblickt, und nicht eine hat darunter gelitten – und heute sehen sie so glücklich aus und dazu entschlossen, sich des Lebens zu erfreuen, wie, dessen bin ich mir sicher, jede andere
europäische Rose.

Elizabeth und ihr Garten

*E*s dauert lange, meine Frühlingslisten aufzustellen. Ich möchte eine Rabatte ganz in Gelb haben, jede Gelbschattierung: vom feurigsten Orange bis zum Fast-schon-Weiß, und der Aufwand an Arbeit und Studium der Gartenratgeber läßt sich nur von Anfängern wie mir richtig würdigen. Schon seit Wochen bin ich bei der Planung, und noch immer ist kein Ende in Sicht. Mir schwebt vor eine einzige Folge von Herrlichkeiten von Mai bis zum Frosteinbruch, vorherrschen soll die Schar ›kräftig leuchtender Ringelblumen‹, die ich innig liebe, und Kapuzinerkresse. Letztere soll in allen Sorten und Farbnuancen hochklettern, sich emporranken und in dichten Büschen wachsen und ihre anmutigen Blüten und Blätter aufs vorteilhafteste zeigen. Hinzu sollen kommen: Goldmohn, Dahlien, Sonnenblumen, Zinnien, Skabiosen, Portulakröschen, gelbe Veilchen, gelbe Levkojen, gelbe Gartenwicken, gelbe Lupinen – alles, was gelb ist oder eine gelbe Variante hat. Als Standort habe ich eine lange breite Rabatte in der Sonne ausgewählt am Fuße eines grasigen Hügels, der von Fliederbüschen und Kiefern bewachsen ist und nach Südost liegt. Man geht durch ein Kieferngehölz, und wenn man um die Ecke biegt, soll man plötzlich dieses Stück eingefangenen Morgenglanzes erblicken. Ich möchte, daß es einen in seiner leuchtenden Pracht nach dem schattig-kühlen Weg durch das Wäldchen geradezu blendet.

Das ist die Idee. Traurigkeit befällt mich, wenn ich an die wahrscheinliche Diskrepanz zwischen der Idee und ihrer Verwirklichung denke. Ich kenne mich nicht aus, und der

Gärtner, davon bin ich überzeugt, noch viel weniger, denn er hat zwar einige Tulpen mit Gewalt hochgebracht, aber sie welkten alle dahin und gingen ein, und er sagt, er kann sich nicht vorstellen, warum. Außerdem liebt er die Köchin und wird sie nach Weihnachten heiraten und weigert sich, auf irgendeinen meiner Pläne mit der Begeisterung zu reagieren, die sie eigentlich verdienen, statt dessen sitzt er mit glasig träumerischem Blick da und hackt von morgens bis abends Holz, um das Küchenfeuer seiner Geliebten tüchtig brennen zu lassen. Mir ist schleierhaft, wie jemand Köchinnen Ringelblumen vorziehen kann; jene künftigen Ringelblumen, so fatamorganisch sie sind, deren Samen noch beim Saatguthändler schlafen, haben mir durch meine Wintertage wie goldenes Licht geleuchtet.

Von ganzem Herzen wünsche ich mir, ich wäre ein Mann, denn ich würde mir natürlich als erstes einen Spaten kaufen und gärtnern, und dann hätte ich das Vergnügen, für meine Blumen alles mit eigener Hand zu tun, und bräuchte meine Zeit nicht damit zu vergeuden, jemandem zu erklären, was er machen soll. Es ist langweilig, Anordnungen zu geben und sich zu mühen, die leuchtenden Phantasiebilder unter der eigenen Stirn jemandem zu beschreiben, der keine Phantasie und kaum was unter der Stirn hat und der glaubt, ein gelbes Beet bestünde aus Pantoffelblumen umrandet von etwas Blau.

Elizabeth und ihr Garten

*W*enn ich doch nur selbst graben und pflanzen könnte! Um wieviel leichter wäre es und wie faszinierend, die Löcher selbst machen zu können, genau dort, wo man sie haben will, und dann die Pflanzen ganz nach Belieben einzusetzen, statt Anordnungen geben zu müssen, die nur halb verstanden werden, sobald man von den Richtlinien abweicht, die von jener langen Schnur bestimmt werden! In der ersten Wonne darüber, einen Garten ganz für mich allein zu haben, und in meiner brennenden Ungeduld, die öden Flecken Land rosig erblühen zu lassen, schlich ich mich doch tatsächlich verstohlen an einem warmen Sonntag im April letzten Jahres während der Mittagsstunde des Personals, doppelt sicher vor dem Gärtner durch den Feiertag und die Essenszeit, mit einem Spaten und einer Harke hinaus und hob fieberhaft ein kleines Stück Boden aus, wühlte die Erde um, säte heimlich Prunkwinden und rannte völlig erhitzt und schuldbewußt wieder zurück ins Haus, ließ mich in einen Sessel fallen, hinter ein Buch verschanzt, und setzte eine gleichgültige Miene auf, gerade noch rechtzeitig, um meinen guten Ruf zu retten. Und warum darf man das nicht? Es ist nicht anmutig, und es macht einen heiß; aber es ist eine gesegnete Art von Arbeit, und hätte Eva im Paradies einen Spaten gehabt und etwas damit anfangen können, hätten wir nicht diese ganze traurige Geschichte mit dem Apfel.

Elizabeth und ihr Garten

*A*ntoine hatte den Rasenmäher weggeschlossen. Lieber sollte das Rasenmähen auf morgen verschoben werden, als daß Madame in der Hitze mähte. Er meinte es gut mit mir, das wußte ich durchaus zu schätzen. Dennoch war ich sehr erbost, weil man mir nicht meinen Willen ließ. Und noch dazu an meinem Geburtstag. Um das einzige gebracht, was ich wirklich wollte: *la transpiration*. Das war doch an meinem Geburtstag gewiß nicht zuviel verlangt; wo ich doch zu solchen Anlässen immer ganz andere Perlen bekam, ohne auch nur einen Finger zu rühren!

Unentschlossen stand ich da und sah mich in dem ordentlich aufgeräumten Hof nach etwas um, woran ich mich betätigen könnte, und Mou-Mou saß aufrecht auf seinen riesigen Hinterpfoten und wandte kein Auge von mir. Er ist so groß, daß unsere Köpfe auf gleicher Ebene sind, wenn er diese Stellung einnimmt. Er machte davon Gebrauch, indem er sogleich seine Zunge erhob – er hatte sie schon herausgestreckt, sie hing ihm in der Hitze herunter –, da ich immer noch wort- und reglos dastand, und mir einmal übers ganze Gesicht leckte. Das mag ich nun gar nicht, und so machte ich mich davon. Außerdem war mir ein Gedanke gekommen.

Im Blumenbeet an der Terrassenmauer würde es bestimmt Unkraut geben. In Blumenbeeten gibt es immer Unkraut, und Unkrautjäten ist anstrengend. Außerdem braucht man zum Unkrautjäten nur seine beiden Hände, und Antoine konnte mich nicht daran hindern, diese zu benutzen. Folglich würde ich jäten – mich bücken und Unkraut herausreißen und auf diese Weise das seltsame sonnenbeschienene, leerstehende, ausgestorbene kleine Haus vergessen ...

Der unermüdliche Fleiß der Antoines war jedoch so groß und vielleicht auch die Erde so karg und unfruchtbar, daß ich eine halbe Stunde suchen mußte, ehe ich drei Stellen mit Unkraut fand, und selbst bei denen war ich mir nicht ganz sicher und wußte nicht genau, ob ich nicht womöglich ein paar kostbare Exemplare alpiner Flora herausriß, die von Antoine absichtlich gepflanzt und gehegt wurden. Ich wußte lediglich, daß das, was ich herausriß, keine Schwertlilie, kein Rittersporn und kein Stiefmütterchen war; somit mußte es Unkraut sein. Jedenfalls zog ich drei fremdartige Kräutlein heraus und legte sie fein säuberlich nebeneinander, um sie Antoine zu zeigen. Dann setzte ich mich ins Gras und ruhte aus.

Ein Chalet in den Bergen

*D*er Gärtner ist seit einem Jahr hier und hat mir regelmäßig am Ersten eines jeden Monats gekündigt, bis jetzt ist er aber zum Bleiben bewegt worden. [...] Ich glaube nicht, daß er viel vom Gärtnern versteht, zumindest aber kann er graben und gießen, und einiges von dem, was er gesät hat, erscheint auch, und einige der von ihm gesetzten Pflanzen gedeihen, außerdem ist er so unermüdlich fleißig, wie ich noch nie jemand erlebt habe, wobei sein großer Vorzug ist, daß er sich anscheinend nicht im geringsten dafür interessiert, was wir im Garten tun. Darum habe ich mich bemüht, ihn zu halten, ich weiß ja nicht, wie der Nachfolger wäre, und als ich ihn fragte, was ihm denn nicht behage, und er mit »nichts« antwortete, konnte ich daraus nur schließen, daß er mir persönlich wegen meiner exzentrischen Neigung grollt, Pflanzen in Gruppen angeordnet Pflanzen in sauberen Reihen vorzuziehen. Vielleicht mag er es auch nicht, daß ich ihm zuweilen Abschnitte aus den Gartenratgebern vorlese, wenn er gerade pflanzt oder etwas sät. Da ich selbst so hilflos bin, kam es mir einfacher vor, statt Erklärungen zu geben, das Buch selbst mit ins Freie zu nehmen und ihm die Weisheit direkt aus der Quelle zukommen zu lassen, sie ihm während des Arbeitens dosiert zu verabreichen. Ich verstehe nur zu gut, wie lästig das sein muß, und bloß meine Angst, ein ganzes Jahr durch irgendeinen dummen Fehler zu verlieren, hat mich dazu erkühnt. Ich lache manchmal hinter dem Buch über sein empörtes Gesicht und wünschte mir, wir könnten photographiert werden, damit ich in zwanzig Jahren, wenn der Garten ein liebliches

Gemach ist und ich mit allen Wassern der Gartenkunst gewaschen bin, mich an meine glückseligen Anfangsmühen und Mißerfolge erinnere.

Den ganzen April hindurch setzte er die winterharten Pflanzen, die wir im Herbst gesät hatten, an ihren endgültigen Standort, und den ganzen April hindurch ging er mit einer Schnur umher und zog mit schöner Genauigkeit parallele Reihen in die Rabatte, worin er dann die armen Pflanzen wie Soldaten bei einer Parade arrangierte. Als ich einmal abwesend war, hatte er auf diese Weise zwei lange Beete angelegt, und als ich ihm erklärte, daß ich im dritten Beet die Pflanzen gern in Gruppen zusammen hätte und nicht in Reihen und daß mir dabei eine natürliche Wirkung vorschwebte, ohne Zwischenräume nackter Erde, blickte er noch düsterer drein als sonst; und als ich später herauskam, um mir das Ergebnis anzusehen, entdeckte ich, daß er zwei lange Beete beiderseits eines geraden Weges mit kleinen Reihen von je fünf Pflanzen angelegt hatte – zuerst fünf Nelken und hinter den Nelken fünf Nachtviolen und so weiter mit verschiedenen Pflanzen von jeder Sorte und Größe bis zum Ende hin. Als ich protestierte, sagte er, er habe nur meine Anweisung befolgt und habe ja gewußt, daß es nicht gut aussehen werde; so fügte ich mich, und die restlichen Rabatten wurden nach dem Muster der beiden ersten angelegt, und ich will Geduld haben und abwarten, wie sie im Sommer aussehen, bevor ich wieder umgraben lasse; denn für den Anfänger ziemt es sich, bescheiden zu sein.

Elizabeth und ihr Garten

*V*erschiedenfarbige Tulpen zusammen sind doch viel reizvoller als jede Farbe für sich! Letztes Jahr hatte ich auf Empfehlung einiger Leute, die Gartenbücher schreiben, einen Versuch mit feuerroten Tulpen und Vergißmeinnicht gemacht. Das war sehr hübsch, aber ich wünschte, diese Gartenberater könnten meine Beete mit gemischten Tulpen sehen. Ich jedenfalls habe noch nie etwas so hinreißend Fröhliches erblickt. Die einzigen, die ich ausschließe, sind die rosenfarbenen; aber Scharlachrot, Gold, zartestes Rosa und Weiß habe ich beisammen, und die Wirkung ist unbeschreiblich beglückend. Wenn die Tulpen welken, wachsen die Vergißmeinnicht höher, überwuchern sie schließlich ganz und verbergen liebevoll das Traurige ihres Verfalls. Sie bleiben dort stehen, Wolken von sanftem Blau, bis die Tulpen ganz verwelkt sind. Dann werden sie weggenommen, um Platz für die tiefroten Geranien zu machen, die auf den beiden Rabatten den ganzen Sommer blühen und nach Herzenslust in der Sonne lodern. Ich habe gern hier und da einen kräftigen Farbfleck, und die Geranien lassen die Lilien, die im Halbkreis um die kostbaren Teerosen Wache stehen, noch weißer und durchsichtiger erscheinen.

In den ersten beiden Jahren war ich fest entschlossen, in meinem Garten ganz nach meinem Geschmack vorzugehen, keine Pflanzengruppen zu setzen, die ich nicht geplant hatte, und auch keine Gewächse außer denen, die ich kannte und liebte. Da ich fürchtete, ein erfahrener Gärtner würde Nutzen aus meinem damals noch nahezu grenzenlosen Unwissen ziehen und mir diese Alpträume von Beeten aufdrängen und den Garten mit jenen scheußlichen Salatmischungen füllen, wie ich es so oft in den Gärten der gleichgültigen Reichen gesehen hatte, wollte ich nur einen anspruchslosen Mann mit wenig Ehrgeiz, einen, den ich leicht davon überzeugen konnte, soviel, ja noch mehr zu wissen als er selbst. Ich hatte drei von diesen unbedarften Männern hintereinander und lernte dabei, was ich schon lange vorher hätte entdecken müssen: Je weniger einer weiß, um so mehr beharrt er auf seiner Meinung, und gegen Dummheit ist noch kein Kraut gewachsen. Der erste der drei wurde gegen Jahresende schwermütig; der zweite war unglücklich verliebt, warf sein Werkzeug hin und gab seine Stelle auf, um der Sirene nachzulaufen, die ihm den Kopf verdreht und ihn sitzengelassen hatte, und als ich den dritten fragte, wie es wohl möglich sei, daß alles, was er gesät hatte, zufällig nie herauskäme, kratzte er sich am Kopf. Und da dies ein sicheres Zeichen für Unzulänglichkeit ist, schickte ich ihn fort.

Dann dachte ich ausgiebig nach. Ich war nun zwei Jahre hier und hatte mit Hilfe dieser Männer tüchtig im Garten gearbeitet. Ich hatte mein Bestes gegeben, alles zu lernen, was ich konnte, und ihn schön zu gestalten. Einen ungelernten Gärtner wollte ich, der mir besser gehorchte, und nur einen Gehilfen, damit ich meinen Garten ungestört genießen konnte. Eifrig hatte ich alle Gartenbücher studiert, die ich auftreiben konnte. Und ich hatte mich für eine einigermaßen intelligente Person gehalten und geglaubt, wenn jemand mit meinem Verstand sich voll und ganz einer Sache widmete, die ihm am Herzen lag, müßte es fast zwangsläufig zum Erfolg führen. Doch wie sah mein Garten nach zwei Jahren aus? Die Fehlschläge der ersten beiden Sommer hatte ich noch gelassen hingenommen; doch in diesem dritten Sommer kamen mir manchmal die Tränen, wenn ich mich umsah.

Was mich betraf, so hatte ich einiges dazugelernt. Ich wußte, was ich kaufen mußte, und hatte ziemlich genaue Vorstellungen davon, wann und in welchem Boden ich das säen und pflanzen konnte, was ich angeschafft hatte. Doch was nutzt es, gute Samen und Pflanzen und Zwiebeln zu haben, die man dann einem Gärtner aushändigen muß, der sich mit kaum verhohlener Ungeduld die sorgfältigen Anweisungen anhört, mehrmals *Jawohl* sagt und dann hingeht und sie so setzt, wie er es immer getan hat, nämlich in jedem Fall falsch? Mir waren ja die Hände gebunden. Unglücklicherweise habe ich nicht das richtige Geschlecht, sonst hätte ich gern den Platz mit ihm getauscht und ihn aufgefordert zu reden, während ich pflanzte, und da er vermutlich kaum etwas geredet hätte, wäre dies ein entschiedener Gewinn für den Frieden der Welt gewesen. Um den wäre es ganz sicher besser bestellt, wären den Frauen die Zungen und nicht die Hände gebunden, und sie könnten, falls sie wollten, damit arbeiten, ohne daß sich sofort ein Volksauflauf um sie versammelt. Ist es nicht eine Tatsache, daß die Zunge sich lange nicht so ungehemmt tummelt, wenn wir körperliche Arbeit verrichten? Manchmal werde ich richtig neidisch und es schmerzt mich, zu sehen, wie die Männer ihrer erfreulichen Arbeit im Sonnenschein nachgehen, die üppige, feuchte Erde umgraben, rechen, jäten, gießen, pflanzen, das Gras mähen, die Bäume schneiden – alles, was sie tun, vom Aufdecken der Rosen im Frühjahr bis zu den Laubfeuern im November, erfüllt meine Seele mit der Sehnsucht, hinzugehen und es ihnen gleichzutun. Aber es wird noch viel geschehen müssen, bis es mir gestattet ist zu graben, ohne Aufsehen zu erregen. Ich werde wohl noch einige Zeit damit zubringen müssen, meinen Groll zu hegen. Ich wünsche mir nur so sehr, daß die Bewohner dieser so einsamen und verlassenen Landstriche sich mit den Bemerkungen über die vermeintlichen Sünden hier ansässiger Frauen (Sünden sind allzeit ein beliebtes Klatschthema) zurückhielten und ihre harmlosen Verschrobenheiten duldeten. Bin ich stundenlang durch Wald und Heide gefahren, ohne einem Menschen zu begegnen oder ein Haus zu erblicken, so erfahre ich zu meiner Verblüffung bei der Heimkehr, ich habe an diesem Tag jene Strecke zurückgelegt und sei an dem und dem Ort gewesen. Das ist mir mehr als einmal passiert. Alles wird beobachtet und bemerkt – mit welcher Blitzgeschwindigkeit würde sich da die Neuigkeit verbreiten, man habe gesehen, wie ich mit der Hacke über der Schulter, einem Korb in der Hand und Jäten auf dem Gesicht geschrieben den Gartenpfad hinuntereilte! Und wie gerne würde ich doch jäten!

Ich glaube, das üppige Gedeihen des Unkrauts war es, was mich schließlich dazu brachte, mein Zögern aufzugeben, einen tüchtigen Gärtner und eine vernünftige Zahl von Gehilfen anzustellen. Denn eins hatte ich herausgefunden: Sosehr ich auch meine Abgeschiedenheit schätze, Brennesseln verabscheue ich noch mehr, und die Brennesseln schienen sich stets die Plätze auszusuchen, wo meine liebsten Blumen standen. Die drei unbedarften Männer unterlagen jedenfalls im Kampf gegen sie. Allerdings habe ich ein großes Herz für alles, was wächst, und manches Unkraut, das anderswo nie geduldet würde, darf sich in meinem Garten ungestört ausbreiten. Es ist so hübsch, so bezaubernd frech und besonders nett von ihm, alles Grünen und Blühen und Samentragen, ohne jede Hilfe und Ermutigung, ganz allein zustande zu bringen. Natürlich ärgert es mich, wenn es so unverschämt ist, zwischen meinen Teerosen und Stiefmütterchen zu sprießen, und auf den Wegen ist es mir auch nicht gerade willkommen. Aber im Gras zum Beispiel – warum sollen sich die armen kleinen Geschöpfe da nicht ihres Lebens freuen, anstatt mit einem messerscharfen Gegenstand Stück für Stück ausgegraben zu werden?

Einmal kam ich in den Garten, da hatte gerade der letzte der drei Unfähigen, bewaffnet mit seinem Gerät, mitten auf der Gold- und Silberfläche, die man für gewöhnlich Rasen nennt, Aufstellung genommen, kratzte sich am Kopf, sah sich um und konnte sich nicht entscheiden, wo er anfangen sollte. Diesmal eilte ich Löwenzahn und Gänseblümchen zur Hilfe, und ich glaube, sie haben es bemerkt. Jedenfalls blicken sie, wenn ich komme, so munter drein, und mir scheint, als stießen sich die Löwenzahnpflanzen bei meinem Anblick gegenseitig an und flüstern: »Da kommt Elizabeth, die ist in Ordnung, nicht wahr?« – denn natürlich drückt sich ein Löwenzahn nicht gerade besonders fein aus.

Aber Brennesseln gegenüber darf man nicht großzügig sein. Und sie führten letzten Endes die Lösung des Problems herbei, dem ich so lange den Rücken zugedreht hatte. Eines schönen Augustmorgens, als es im Garten nichts anderes als Brennesseln mehr zu geben schien und man schier glauben mußte, wir hätten nichts anderes getan, als sie in allen Varianten zu kultivieren, suchte ich den Grimmigen in seinem Arbeitszimmer auf.

»Mein lieber Mann«, begann ich, mit der leisen, besänftigenden Stimme eines Menschen, der lange dickköpfig gewesen ist und nun einlenken will, »würdest du bitte eine Annonce aufgeben für einen Obergärtner und die entsprechende Zahl von Gehilfen? Fast alle Zwiebeln und Samen und Pflanzen, für die ich mein Geld und meine Hoffnung verschwendet habe, sind als Brennesseln herausgekommen, und die mag ich nun mal nicht. Ich hatte diesmal einen schlimmen Sommer und will nie mehr einen unfähigen Gärtner hier sehen.«

»Meine liebe Elizabeth«, antwortete er, »es tut mir leid, daß du meinen Rat nicht früher befolgt hast. Wie oft habe ich dir gesagt, daß es Unsinn ist, einen inkompetenten Mann nach dem anderen zu engagieren? Das Gemüse, wenn wir überhaupt welches ernten, ist ungenießbar, und Obst bekommen wir ebenfalls keins. Deine guten Absichten in Ehren, aber es mangelt dir wirklich an Urteilsvermögen. Wann wirst du endlich lernen, dich auf meine Erfahrung zu verlassen?«

Ich ließ den Kopf hängen. Konnte er jetzt nicht mit Recht bemerken: »Ich hab's dir ja immer gesagt« – was er tatsächlich schon seit zwei Jahren tat. »Ich verlasse mich nicht gern auf jemanden anderen«, murmelte ich, »und gegen anderer Leute Erfahrung habe ich ein ziemliches Vorurteil. Würdest du bitte noch heute die Anzeige aufgeben?«

Sie kamen in Mengen; es schien, als bestünde die halbe Bevölkerung aus stellungslosen Obergärtnern. Alle, die in Frage kamen, führte ich durch den Garten, und ich glaube, ich habe nie eine Woche mit mehr Niederlagen erlebt als in dieser Zeit. Natürlich hielten sie mit ihrer Meinung nicht zurück, denn ich hatte ihnen gesagt, ich hätte, seit wir hier sind, praktisch nur Gärtnergehilfen beschäftigt. Wenn sie sich mit höflichem Spott über eines der Beete äußerten, konnten sie allerdings nicht ahnen, daß es zufällig von mir angelegt war. Besonders die Mistbeete im Küchengarten, mit denen ich mir soviel Mühe gegeben hatte, waren die Zielscheibe ihres Hohns. Offenbar war alles an ihnen falsch – die Maße, die Vorbereitung, der Boden, der Dünger hätten gar nicht unangebrachter sein können. Gewiß, das einzige, was wir davon ernteten, war Unkraut. Aber nachdem die halbe Woche um war, wurde ich skeptisch, denn sie stimmten selten in ihrer Kritik überein. So faßte ich wieder Mut. Schließlich fiel meine Wahl auf einen netten, ordentlichen jungen Mann mit überraschend intelligenten Augen und flinken Bewegungen, der sich weniger mit dem gegenwärtigen Chaos beschäftigte als mit dem, was man am Ende aus dem Garten machen könnte. Er ist schwerhörig, verliert also keine Zeit mit Worten, liebt die Gärtnerarbeit außerordentlich und weiß, wie ich bald feststellte, sehr viel mehr als ich trotz meiner drei Lehrjahre. Überdies ist er erfüllt von jener Demut und Lernbegier, die man nur bei denen findet, die bereits mehr als ihre Nächsten gelernt haben. Mit Begeisterung geht er auf meine Pläne ein und macht eigene Vorschläge, die vielleicht nicht immer mit meinem etwas eigenwilligen Geschmack übereinstimmen, doch sie zeigen, daß er etwas von seinem Beruf versteht. Gemeinsam waren wir einen Winter lang damit beschäftigt, alle Rabatten zu verändern, denn keine hatte den Boden, in dem Pflanzen wirklich gedeihen, und für den nächsten Herbst habe ich mir vorgenommen, den ganzen sogenannten Rasen umgraben und einebnen zu lassen. Dann werden wir ja sehen, ob wir nicht auch hier einen richtigen englischen Rasen bekommen können! Als ich ihm sagte, er solle die Wurzeln von Gänseblümchen und Löwenzahn schonen, blickte er ziemlich niedergeschlagen drein. Aber er ist jung, er kann lernen zu schätzen, was ich schätze, und seinen einzigen Fehler loszuwerden: die typische, in Gärtnereien verbreitete Einstellung gegenüber Blumen, die nicht in Mode sind.

Einsamer Sommer

*I*ch habe bei der Auswahl der gelben Blumen darauf geachtet, nur anspruchslose Pflanzen zu nehmen, die leicht zufriedenzustellen, ja dankbar für wenig sind, denn mein Boden ist keineswegs das, was man sich wünscht, und für die meisten Pflanzen ist das Klima ziemlich ungünstig. Ich bin jeder Blume aufrichtig dankbar, die robust ist und bereit, hier zu gedeihen. Stiefmütterchen scheinen ihren Standort hier zu mögen, und auch die Gartenwicken; Nelken nicht, und nach vielen Schmeichelworten brachten sie im letzten Sommer grad ein paar Blüten hervor. Fast alle Rosen waren trotz des sandigen Bodens ein Erfolg, ausgenommen die Teerose Adam, die reichlich schwellende Knospen zeigte, doch plötzlich braun wurde und einging, und die drei Rosenbäumchen von Dr. Grill, die in einer Reihe standen und einfach schmollten. Ich war wegen den Dr. Grills ganz aufgeregt gewesen, da ihre Beschreibung in den Katalogen mich besonders fasziniert hatte, und zweifellos verdiente ich die Abfuhr. [...]

Dr. Grill muß eine deutsche Rose sein. Je mehr man in dieser Gegend seine Freude darüber zeigt, jemand zu sehen, desto weniger freut sich der andere darüber; wohingegen der andere sichtlich auftaut, wenn man unfreundlich ist, seine Miene hellt sich zusehends auf, wird um so liebenswürdiger, je abweisender und griesgrämiger die eigene wird. Bei einer Rose hatte ich allerdings nicht mit solch einem Verhalten gerechnet, und ich war empört über Dr. Grill. Die Rosen hatten den besten Standort im Garten: warm, sonnig und geschützt; ihre Setzlöcher waren mit liebevollster Sorgfalt vorbereitet worden; sie hatten die erlesenste Mischung aus Kompost, Tonerde und Dünger erhalten und waren während der ganzen Dürrezeit fleißig begossen worden, wo andere, willigere Blumen nichts bekamen; und sie weigerten sich etwas anderes zu tun, als schwarz auszusehen und zu kümmern. Sie gingen nicht ein, gediehen aber auch nicht – existierten bloß; und am Ende des Sommers hatte nicht eine von ihnen einen Trieb oder ein Blättchen mehr als im April, wo sie gepflanzt worden waren. Sie wären besser sofort eingegangen, denn dann hätte ich gewußt, was zu tun sei; so aber beanspruchen sie noch immer den besten Platz, sind sorgsam gegen den Wind abgedeckt und verdrängen freundlichere Rosen. Womöglich haben sie sich dasselbe Verhalten auch fürs nächste Jahr vorgenommen. Heimsuchungen sind ja das Los der Menschheit, und Gärtner haben da ihren gerechten Anteil, und jedenfalls wird man besser von Pflanzen als von Personen heimgesucht, da man bei Pflanzen, die man kennt, alsbald sieht, daß man selbst im Unrecht ist; bei Menschen ist es immer umgekehrt – und wer von uns hat nicht die Qualen verletzter Unschuld erlebt und ihre Bitterkeit empfunden?

Elizabeth und ihr Garten

*Ü*ber die Merkwürdigkeit des Lebens nachdenkend, über den unweigerlichen Triumph des Kleinen und Unbedeutenden über das Große und Bedeutende, hier und jetzt demonstriert durch den in der Laube so leicht vonstatten gegangenen Wechsel von Großvätern zu Schnecken, folgte ich langsam der nächsten Biegung des Pfads und kam zu dem breiten Weg, der an der Südseite der hohen Mauer entlangführte, welche den Blumengarten vom Küchengarten trennte und eine geschützte Lage ergab, wo mein Vater seine schönsten Blumen gehegt hatte. Hier waren die Verwandten an der Arbeit gewesen: alle Kletterrosen, welche die Wand mit ihrer Schönheit bedeckten, waren verschwunden, und an ihrer Stelle standen einige sauber gestutzte Obstbäume, ordentlich an den richtigen Stellen an der Mauer befestigt. Offensichtlich kannten die Verwandten den Wert des warmen Fleckens, denn unten auf dem Beet, das zur Zeit meines Vaters in diesem Monat November mit Goldlack bepflanzt war, der im Frühling seinen Duft über den Weg verbreitete, standen in dichten Reihen – ich bückte mich, um genau hinzusehen –, ja, in dichten Reihen Radieschen. Beim Anblick dieser Radieschen füllten sich meine Augen mit Tränen, und das war vermutlich das einzige Mal, daß Radieschen irgendwen zu Tränen rührten. Mein lieber Vater, den ich so leidenschaftlich liebte, hatte seinerseits dieses spezielle Beet leidenschaftlich geliebt und die freien Augenblicke seines arbeitsreichen Lebens damit verbracht, sich an den Blumen, die er dort zog, zu erfreuen. Er hatte selbst keine Zeit, sich näher mit Gärtnerfreuden zu befassen, er gab nur an, welche Pflanzen gesetzt werden sollten, fand aber Erholung von seinem Tagewerk, indem er hier auf und ab ging oder so nah wie möglich bei den Blumen saß und rauchte. »Es ist die reinste menschliche Freude, es ist die größte Erfrischung des menschlichen Geistes«, zitierte er, denn er las neben der *Kreuzzeitung* noch andere Dinge und sah sich, wenn er diesen duftenden Hafen nach einem heißen Tag auf den Feldern erreichte, mit Befriedigung um. Nun, die Verwandten dachten nicht so. Weniger phantasievoll, dafür vernünftiger, wie sie es vermutlich ausgedrückt hätten, nahmen sie schlicht den Standpunkt ein, Blumen kann man nicht essen. Ihr Geist brauchte keine Erfrischung, ihr Körper hingegen viel, und deshalb waren die Radieschen mehr wert als Goldlack. Nicht, daß es meiner Jugend gänzlich an Radieschen gemangelt hätte, aber sie wuchsen im dezenten Dunkel irgendwelcher Ecken im Küchengarten in alten Mistbeeten, die ursprünglich für Gurken bestimmt waren, und man hätte ihnen nie gestattet, zwischen den Blumen zu stehen. Und nur weil ich kein Junge war, entweihten sie jetzt den Boden, der einst solche Herrlichkeiten hervorgebracht hatte.

Garten der Kindheit

*D*ie Rauken sind alle raus. Der Gärtner hat sie in einem plötzlichen Einfall direkt vorne an den beiden Beeten entlang gesät, und ich weiß nicht, was er sich denkt, jetzt, da sie voll erblüht sind und die Pflanzen dahinter ganz verdecken; aber ich habe eine weitere Lektion bekommen, und kein zukünftiger Gärtner darf so rabaukig mit meinen Rauken umgehen. Sie sind bezaubernd, zart in der Farbe und im Duft, und eine Schale mit ihren Blüten auf meinem Schreibtisch erfüllt den Raum mit Wohlgeruch. Einzelne Reihen sind jedoch ein Mißgriff; ich hatte sie zu Massen ins Gras pflanzen lassen, wo sie zeigen können, wie lieblich sie sind. Eine Rabatte mit Rauken, mauvefarben und weiß, sonst nichts, müßte schön sein; aber ich weiß nicht, wie lange sie dauern und wie sie nach dem Verblühen aussehen. Das werde ich vermutlich in ein oder zwei Wochen feststellen. War je ein Möchtegerngärtner so gänzlich seiner Stümperei überlassen? Zweifellos wäre es für den Garten ein Gewinn von Jahren, wenn ich nicht gezwungen wäre, allein durch meine Mißerfolge zu lernen, und wenn ich ein freundliches Wesen hätte, das mir sagte, wann was zu tun sei. Zur Zeit sind die einzigen blühenden Blumen im Garten die Rauken, die Stiefmütterchen in den Rosenbeeten und zwei Sorten von Azaleen, mollis und pontica. Die Azaleen waren prachtvoll und sind es noch; ich habe sie erst in diesem Frühling gepflanzt, und sie blühten fast auf der Stelle, und die geschützte Ecke, in der sie gedeihen, sieht aus, als wäre darin ewiger Sonnenuntergang eingefangen. An der Art und Weise, wie sie ihr Leben begonnen haben, kann ich ablesen, wie sie im nächsten Jahr und den darauffolgenden, wenn die Büsche größer sind, aussehen werden: orangefarben, zitronengelb und rosa in den zartesten Schattierungen. An grauen, trüben Tagen ist die Wirkung einfach umwerfend. Im nächsten Herbst werde ich einen richtigen Azaleenwall in einem ziemlich düsteren Winkel vor einer Kiefernreihe anlegen. Meine Teerosen sind voller Knospen, die frühestens in einer Woche aufplatzen werden, daraus schließe ich, wir haben hier nicht die Sorte Klima, in dem sie von den ersten Junitagen an bis November blühen, wie man ihnen nachsagt.

Elizabeth und ihr Garten

*M*eine Rosen haben sich im ganzen so verhalten, wie zu erwarten war, und die Vicomtesse Folkestones und Laurette Messimys haben herrlich geblüht, letztere waren bei weitem das Schönste im Garten, jede Blüte aufs feinste locker zusammengesetzt aus einzelnen korallenrötlichen Blütenblättern, die nach innen hin zu einem Weißgelb verblassen. Ich habe hundert Rosenbäumchen bestellt, um sie im nächsten Monat einzupflanzen, die Hälfte davon Vicomtesse Folkestones, weil die Teerosen die Angewohnheit haben, ihre Köpfchen zu senken, so daß man sich niederknien muß, um sie in ihrer Zwerggröße richtig anschauen zu können – nicht, als ob es mir mißfiele, daß man das Knie vor solch vollkommener Schönheit beugt, nur macht man sich dabei die Kleidung dreckig. Ich werde darum Rosenbäumchen beiderseits des Wegs unter den Südfenstern setzen und somit die Blumen in passender Höhe zur Huldigung haben. Ich fürchte nur, daß sie den Winter weniger gut überstehen als die Zwergsorten, da es so schwierig ist, sie fachgerecht abzudecken. Das Persisch-Gelb und die Bicolors sind, wie ich es vorausgesagt habe, ein Mißerfolg zwischen den Teerosen gewesen; sie blühen nur zweimal in der Saison, und in der übrigen Zeit sehen sie gelangweilt und trist aus; hinzu kommt, daß das Persisch-Gelb einen solch unangenehmen Duft hat und von unzähligen Insekten von innen her aufgefressen wird. Ich habe sie durch Safrano-Teerosen ersetzen lassen, da diese im nächsten Monat aufblühen werden und grüppchenweise in den Rasen gesetzt werden sollen, und weil sich der Halbkreis unmittelbar vor den

Fenstern befindet und zudem den besten Standort hier bietet, muß er ausschließlich meinen ganz besonderen Kostbarkeiten vorbehalten bleiben. Ich habe zahlreiche Enttäuschungen erlebt, aber ich habe das Gefühl, als lernte ich jetzt wirklich dazu. Demut und größte Beharrlichkeit scheinen fast genauso notwendig beim Gärtnern wie Regen und Sonnenschein, und jedes Mißlingen muß als Sprungbrett für Erfolgversprechenderes dienen.

Elizabeth und ihr Garten

OASE DER RUHE

Oder: Allein ist es doch am schönsten!

*I*ch möchte einmal einen ganzen Sommer hier allein sein und in die tiefsten Tiefen des Lebens hinabsteigen. Ganz für mich sein, damit meine Seele sich entfalten kann. Es wird niemand eingeladen, um mir Gesellschaft zu leisten, und wenn doch jemand zu Besuch kommt, dann sagt man ihm einfach, ich sei ausgegangen oder verreist oder krank. Die ganzen Monate werde ich im Garten, auf den Feldern und in den Wäldern verbringen. Ich will sehen, was in meinem Garten geschieht und wo ich Fehler gemacht habe. An nassen Tagen gehe ich in den dichten Wald, dorthin wo die Kiefernnadeln immer trocken sind, und wenn die Sonne scheint, liege ich auf der Heide und schaue, wie der Ginster gegen den Himmel flammt. Wie glücklich werde ich sein; niemand wird mich mit seinem Trübsinn anstecken. Draußen auf dem flachen Land herrscht Stille, und wo Stille ist, ist auch Frieden – das ist mir inzwischen aufgegangen. […]

Seit drei Jahren haben wir uns hier auf dem Land vergraben, und ich war die ganze Zeit glücklich wie ein Vogel. Ich sage wie ein Vogel, weil andere diesen Vergleich gebrauchen, um ungetrübte Fröhlichkeit zu beschreiben, obwohl ich keineswegs glaube, daß Vögel glücklicher als andere Geschöpfe sind, denn sie zanken sich ganz gräßlich. Sagen wir doch so: Ich bin so glücklich gewesen wie die glücklichsten Vögel, und zwischendurch gab es Zeiten des Alleinseins, in denen mein Gemütszustand alles andere als gelangweilt war. Es stimmt schon, das würde nicht jedem gefallen. Erst letzte Woche hatte ich Gäste, die nur knapp acht Tage blieben und augenscheinlich nicht viel Spaß daran hatten. Sie fanden es eintönig, doch das war ihre eigene Schuld. Wie kann man einen Menschen gegen seinen Willen glücklich machen? Man kann ihm eine Menge Schulwissen eintrichtern und all das, was Schulen sonst noch zu bieten haben, aber, wenn man es auch ewig versuchte, man kann einem Wesen, das nicht dazu neigt, nicht zum Glück verhelfen. Es kann nur passieren, daß man dabei sein eigenes verliert. Glück, soviel ist klar, muß von innen kommen, nicht von außen. Und wenn ich nach meinen früheren Erfahrungen und meinen gegenwärtigen Gefühlen urteile, so habe ich gerade jetzt einen reichlichen Vorrat davon, mehr als genug, um fünf stille Monate auszufüllen.

Einsamer Sommer

*W*as bin ich doch für eine glückliche Frau, daß ich in einem Garten lebe, mit Büchern, Kindern, Vögeln und Blumen und reichlich Muße, all das zu genießen! Meine Bekannten in der Stadt empfinden dies als Gefangenschaft und Begrabensein und als weiß Gott was noch und würden die Luft zerreißen mit ihren gequälten Schreien, wenn sie zu solch einem Leben verdammt wären. Manchmal habe ich das Gefühl, ich wäre von Natur aus begnadeter als meine Mitmenschen, da ich so leicht zu meinem Glück komme. Ich glaube, ich wäre immer lieb und gut, wenn die Sonne ewig schiene, und könnte auch in Sibirien an einem schönen Tag meine Freude haben. Und was kann das Leben in der Stadt einem an Vergnügungen bieten, das der Wonne einer dieser ruhigen Abende gleichkäme, die ich in diesem Monat erlebt habe, als ich allein am Fuß der Verandatreppe saß, mit dem Duft junger Lärchen in der Luft, dem Maimond dicht über den Buchen hängend und der himmlischen Stille, deren Frieden durch das Quaken ferner Frösche und Eulenschreie nur noch vertieft wurde? Ein Maikäfer, der mit lautem Gebrumm dicht an meinem Ohr vorbeischoß, ließ mich erzittern, halb aus Freude über die Erinnerung an vergangene Sommer und halb aus Angst, er könnte sich in meinem Haar verfangen. Der Grimmige behauptet, sie seien Schädlinge und man müsse sie allesamt totschlagen. Ich würde das Totschlagen lieber erst am Ende des Sommers sehen und sie nicht gewaltsam aus solch einer schönen Welt verdrängen wollen, wenn gerade erst all die Kurzweil beginnt.

Elizabeth und ihr Garten

*R*ose hatte den Tag allein verbracht, hatte dagesessen, die Hände um die Knie geschlungen, und vor sich hingestarrt. Was sie anstarrte, waren die grauen Schwerter der Agaven und die blassen Lilien auf ihren hohen Stielen, die auf dem abgelegenen Platz wuchsen, den sie entdeckt hatte, und hinter ihnen, zwischen den grauen Blättern und den blauen Blumen, sah sie das Meer. Der Platz war ein versteckter Winkel, wo die sonnenheißen Steine mit Thymian gepolstert waren und wahrscheinlich niemand hinkäme. Er war außer Sicht- und Hörweite des Castellos, abseits des Weges, nahe am Ende eines Vorgebirges. Sie saß so still da, daß bald schon Eidechsen über ihre Füße huschten und einige kleine Vögel wie Finke, die zuerst erschreckt verschwunden waren, zurückkehrten und zwischen den Sträuchern um sie herum hin und her flitzten, als wäre sie gar nicht vorhanden. Wie schön das war.

Verzauberter April

*D*as Verlangen, ständig mit seinesgleichen zusammen zu sein, und die Angst, einige Stunden allein gelassen zu werden, sind mir völlig unverständlich. Ich kann mich wochenlang ganz gut mit mir selbst unterhalten, wobei ich mir, bis auf die herrschende Stille, kaum bewußt bin, überhaupt allein gewesen zu sein. Nicht, daß ich nicht gern für einige Tage Gäste hier hätte, oder selbst für einige Wochen, wenn sie ebenfalls so anspruchslos sind wie ich selbst und zufrieden mit einfachen Freuden; nur, jeder, der hierherkommt und glücklich werden will, muß etwas in sich haben; wäre der Besucher bloß ein dumpfes Geschöpf, ohne Verstand und Herz, würde er sich mit großer Wahrscheinlichkeit langweilen. Ich hätte es gern, wenn mein Haus oft voll wäre, fände ich nur die Menschen, die sich selbst unterhalten können. Sie würden herzlich willkommen geheißen und ebenso herzlich wieder verabschiedet werden; denn die Wahrheit zwingt mich zu gestehen, daß mir zwar ihr Kommen gefällt, aber auch ihr Weggehen.

An besonders himmlischen Tagen, wie heute, sehne ich mich sogar richtig danach, daß jemand anderes hier sein möge und mit mir die Schönheit genießt. In der Nacht hat es geregnet, und der Garten scheint zu singen – nicht nur die unermüdlichen Vögel, sondern auch die kräftig sprießenden Pflanzen, das glückliche Gras und die Bäume, die Fliederbüsche – ach, diese Fliederbüsche! Sie stehen heute in voller Pracht da, und der Garten ist durchtränkt von ihrem Duft. Ich habe armweise davon ins Haus getragen, das Pflücken ist eine solche Wonne, und jeder Krug, Kessel und

Kübel im Innern prangt von purpurner Pracht, und die Dienstboten glauben, es fände eine Gesellschaft statt, und sind darum besonders hurtig, und ich gehe von Zimmer zu Zimmer und bestaune die wohlriechende Herrlichkeit, und die Fenster sind weit aufgerissen, damit sich der Duft von drinnen mit dem von draußen verbindet; und den Dienstboten wird allmählich klar, daß keine Gesellschaft stattfindet, und sie fragen sich, warum für eine Frau allein das Haus mit Blumen gefüllt sein soll, und ich sehne mich mehr und mehr nach einer verwandten Seele – es kommt mir so unmäßig vor, soviel Lieblichkeit ganz für mich zu haben –, aber verwandte Seelen sind äußerst, äußerst selten; ich könnte beinah ebensogut nach dem Mond verlangen. Es stimmt ja, mein Garten ist voller Freunde, nur sind sie – stumm.

Elizabeth und ihr Garten

*E*s ist für mich eine Erleichterung, über diese Dinge zu schreiben, die ich so sehr liebe. Ich rede nämlich nicht darüber. Man könnte mich sonst für eine Person halten, die sich gern in Hymnen ergeht, und es gibt nichts Unerträglicheres, als sich die begeisterten Lobpreisungen anderer Leute anhören zu müssen, wenn man selbst für ihren Gegenstand nichts übrig hat. Das weiß ich nur zu gut, und deshalb gelingt es mir meistens zu schweigen. Doch selbst nachdem ich mich jahrelang darin geübt habe, meine Zunge zu hüten, kommt manchmal ein verlorenes Bruchstück meiner Empfindungen ans Tageslicht, worauf ich sofort durch den mir wohlbekannten eisigen Blick äußersten Unverständnisses gezügelt und zurechtgewiesen werde oder auch durch Gesten unduldsamer Überheblichkeit, bestimmt für alle, die so unbegreifliche Gefühle zum Ausdruck bringen. Wie kann man sich nur so gewaltig überlegen fühlen, nur weil man nicht in der Lage ist, sich in die Gedanken seines Nächsten hineinzuversetzen oder sie nachzuvollziehen. Dieses Unverständnis ist freilich weniger ein Zeichen der Dummheit der anderen als eigenes Versagen. Nähme ich die meisten meiner Freundinnen oder doch nur eine zu jenen gelbleuchtenden Feldern mit, ihnen würde, da bin ich sicher, nichts anderes auffallen als die holprige Straße. Und wäre ich so schlecht beraten, einen Zipfel meines Herzens zu lüften und sie sehen zu lassen, wie es von Staunen und Entzücken ganz und gar erfüllt ist, dann würden sie mich zuerst verwundert anstarren und sich darauf im stillen sagen, sie müßten sich nun mal damit abfinden, mit einer überspannten, langweiligen Gefährtin über steinige Wege zu fahren. Und prompt verfielen sie in Selbstmitleid, das immer noch der beste Trost in allen Lebenslagen ist. Doch es tut weh, alle seine Empfindungen für alle Zeit unterdrücken zu müssen, und ich glaube, solche Qualen, die kein Ende haben, werden von einer Frau stärker gefühlt als von einem Mann, denn Frauen haben, trotz allen Aufbegehrens, immer noch viel von der Efeu-Natur in sich, ein ungesundes Bedürfnis nach Mitgefühl und Anlehnung. Fahren wir zu den Lupinen hinaus, und sehen sie dort hingebreitet, so weit das Auge reicht, in ihren vollkommenen Farben und Düften, im milden Augustsonnenschein badend, so möchte ich mit jemandem darüber sprechen, der diese Freude mit mir teilt. Gehe ich dann die Liste meiner Freundinnen durch und versuche, eine zu finden, die mit mir jubelt, so überfällt mich wieder einmal die Angst vor der Einsamkeit, die jeden von uns umgibt. Es ist wahr, ich habe viele Freunde und Freundinnen – Leute, mit denen ich gern einen Nachmittag verbringe. Es dürfen nur nicht zu viele Nachmittage sein, und man muß achtgeben, nichts unter der Oberfläche aufzurühren. Aber nur eine ist dabei, die im großen und ganzen denselben Geschmack hat wie ich. Doch sogar ihre Sympathie hat Grenzen, sie erklärt mir zum Beispiel unumwunden, es würde ihr überhaupt keinen Spaß machen, Gänsemädchen zu sein. Warum nur? Fast wäre unsere Freundschaft über der Gänsemädchenfrage zu Fall gekommen, das Thema stellte sich als unerwartet widerborstig heraus. Wenn ich mir einen Beruf wählen könnte, wäre ich am liebsten Gärtnerin, und falls ich als solche keine Beschäftigung fände, liebend gern Gänsehirtin. Ich würde in den allergrünsten Wiesen sitzen und auf diese hübschen, dicken, seelenruhigen Gänse aufpassen, die weißer und träger sind als die Wolken an einem schönen Sommermorgen. Ihr gemächliches Gewatschel wäre Balsam für eine aufgewühlte Seele, die schon zu lange unter Spannungen gelitten hat. Die Wiesen, auf denen Gänse weiden, sind allerliebst, grüne Mulden mit kleinen Gehölzen aus Bäumen und Büschen, nah an einem Weiher oder Sumpf und bedeckt von den fragilen Wiesenblumen, die draußen so lieblich gedeihen und so betrüblich rasch verwelken, wenn man sie ins Zimmer stellt. Sechs Monate im Jahr wäre ich glücklicher als eine Königin und hätte nur diese weißen, beleibten Wesen um mich. Im April finge ich mit den Sumpfdotterblumen an und hörte im September mit den Brombeeren auf; ein Auge paßte auf die Gänse auf, das andere widmete sich Wordsworth, den ich bei mir hätte. So sähe ich die Monate vorüberziehen, die beiden ersten ganz weiß und gelb, die letzten drei hinreißend mit den Lupinenfeldern und den Blaus und Rots und Purpurfarben, die sich in wunderbaren Schattierungen auf den Hecken und Gräben ausbreiten und große Farbflecken auf dem Gras am Wasser bilden. Im Oktober dann würde ich meinen Wordsworth zuklappen, zurück ins zivilisierte Leben kehren und mich wahrscheinlich auch daran beteiligen, die Gänse eine nach der anderen zu verspeisen, gebührend dankbar für die Erfahrung, die mir durch sie zuteil geworden ist.

Einsamer Sommer

E's war ein heiterer Tag mit strahlendem Sonnenschein und steifer Brise. Alles um mich herum war in Bewegung und Aufregung. Ich erfreute mich einer an Ausgelassenheit grenzenden guten Laune, als wir draußen in den Feldern waren, die zwischen dem griechischen Tempel und dem Dorf Vilmnitz liegen – insgeheim ausgelassen natürlich, denn nach außen hin durfte ich es in Gegenwart der nüchternen Gertrud nicht sein. Bei Leuten wie Gertrud, so habe ich bemerkt, hinterlassen selbst süße Düfte, klares Licht, Vogelgezwitscher, kurzum alles, was das Leben lebenswert macht, keinerlei Wirkung. Sie scheinen die Schönheiten der Natur weder zu riechen noch zu sehen, noch zu hören. Nicht nur wissen sie sie nicht zu schätzen, sie nehmen sie gar nicht erst wahr. Diese völlige Teilnahmslosigkeit ist mir immer wieder ein Rätsel. Kein noch so merklicher Wetterumschwung vermag Gertruds beständige Förmlichkeit zu erschüttern. Sie verzieht keine Miene, ob sie nun im Juni zwischen Rosen wandelt oder im März dem beißenden Wind trotzt. Selbst der Wonnemonat Mai, der jedes Geschöpf in Festtagsstimmung versetzt, geht an ihrem biederen Gemüt spurlos vorüber. An einem öden Februarnachmittag, wenn die Welt draußen unter kalten Nebelschwaden erschauert, ist sie nicht ernster als an einem so herrlichen Tag wie diesem dritten unserer Reise. Das launige Lüftchen lüpfte einige lose Haarsträhnen von ihrer Stirn, küsste und koste sie und trieb allerlei Schabernack, der auf einem solch gefassten Antlitz unverfroren vertraulich anmutete. Die rastlosen Pappelblätter flüsterten ihr alle Geheimnisse des Lebens in die verschlossenen Ohren; die an jenem Tag in der Pracht weißer Lilien erstrahlenden Bauerngärten von Vilmnitz verströmten ihren Duft auf die Straße, und der Wind nahm ihn auf und trug ihn zu ihren nüchternen Nasenlöchern. Ob sie wollte oder nicht, musste sie beim Atmen seine himmlische Süße einsaugen, doch ihr Gesichtsausdruck war genauso, wie wenn wir an Schweineställen vorbeifahren. Sind also die Gertruds dieser Welt unfähig, zwischen Lilien und Schweinen zu unterscheiden? Riechen sie auf ihrer mühsamen Erdenreise immerzu nur Schweinegestank? Diese Frage beschäftigte mich mindestens drei Meilen lang, und ich hätte so gern darüber gesprochen, dass ich nahe daran war, sie Gertrud zu stellen. Doch die Angst, sie zu kränken, hielt mich davon ab, denn neben einer gekränkten Gertrud die Insel Rügen zu umrunden, hätte ich denn doch nicht ertragen.

Elizabeth auf Rügen

Costanza mußte schließlich gehen, sie war die Köchin, aber kaum war sie verschwunden, tauchte auch schon Domenico auf. Er wollte gießen und Pflanzen hochbinden. Das war ganz natürlich, da er der Gärtner war, aber er goß und band alles hoch, was in ihrer unmittelbaren Nähe war; er kreiste sie mehr und mehr ein; goß bis zum Exzeß; band Pflanzen hoch, die stetig und kerzengerade wuchsen. Immerhin war's ein Mann und darum nicht gar so verdrießlich, und sein Guten-Morgen-Lächeln wurde mit einem Lächeln belohnt; daraufhin vergaß Domenico seine Familie, seine Frau, seine Mutter, seine erwachsenen Kinder, all seine Pflichten und wollte nur die Füße der jungen Dame küssen.

Leider ging das nicht, aber er konnte, während er arbeitete, reden, was er auch tat; ausgiebig; wobei er ununterbrochen alle möglichen Informationen ausbreitete und das, was er sagte, mit so lebhaften Gesten veranschaulichte, daß er die Gießkanne abstellen mußte und damit das Ende des Gießens hinauszögerte.

Lady Caroline ertrug es eine Zeitlang, aber bald schon wurde es ihr unerträglich, und da er nicht von selbst gehen würde und sie ihn nicht auffordern konnte, er war ja bei seiner pflichtgemäßen Arbeit, war es erneut an ihr, davonzugehen.

Sie verließ die Mauer und begab sich zur anderen Seite des Gärtchens, wo in einem Holzschuppen einige bequeme niedrige Korbsessel standen. Alles, was sie wollte, war, einen davon zu holen und mit dem Rücken zu Domenico hinzustellen, die Vorderseite dem Meer zu, Genua zugewandt. Ein bescheidener Wunsch. Man hätte meinen können, das ließe sich ohne weiteres bewerkstelligen. Doch er, der jede ihrer Bewegungen verfolgte, schoß, als er sah, wohin sie strebte, hinter ihr her, griff sich einen Korbsessel und fragte sie, wohin damit.

Würde sie denn nie diesem Diensteifer, es ihr bequem machen zu wollen, dieser Fragerei, wohin man ihre Sachen tun solle, diesem ewigen Sichbedankenmüssen entgehen? Sie war kurz angebunden mit Domenico, woraus er sofort schloß, sie habe Kopfschmerzen von der Sonne, und losrannte, ihr einen Sonnenschirm, ein Kissen und einen Schemel herbeizauberte, er war geschickt und wunderbar, der geborene Gentleman.

Resigniert schloß sie die Augen. Unmöglich, nicht freundlich zu Domenico zu sein. Sie konnte nicht aufstehen und hineingehen, wie sie es getan hätte, wenn es sich um jemand anderes gehandelt hätte. Domenico war intelligent und sehr tüchtig. Sie hatte sofort herausgefunden, daß in Wirklichkeit er das Haus führte, er in Wirklichkeit alles tat. Und seine Manieren waren einfach betörend, ein Charmeur, kein Zweifel. Es war bloß so, daß sie sich danach sehnte, allein gelassen zu werden. Sie hatte das Gefühl, wenn man sie nur diesen einen Monat in Ruhe lassen könnte, nur diesen Monat, käme sie vielleicht doch noch mit sich ins klare.

Sie hielt die Augen geschlossen, vielleicht würde er dann glauben, sie wollte schlafen, und sich entfernen.

Bei diesem Anblick schmolz die romantische italienische Seele Domenicos dahin, denn die geschlossenen Augen machten ihr Gesicht besonders reizvoll. Er blieb wie angewurzelt stehen, hingerissen, und sie dachte, er habe sich davongestohlen, und öffnete die Augen wieder.

Nein; da stand er und starrte sie an. Auch er. Sie konnte dem Angestarrtwerden nicht entrinnen.

»Ich habe Kopfschmerzen«, sagte sie, die Augen erneut schließend.

»Das kommt von der Sonne«, sagte Domenico, »und von dem Auf-der-Mauer-Sitzen ohne Hut.«

»Ich möchte schlafen.«

›Si, *signorina*‹, sagte er mitfühlend und ging leise davon. Sie öffnete die Augen mit einem Seufzer der Erleichterung. Das sachte Schließen der Glastüre verriet ihr, daß er nicht nur endgültig weg war, sondern daß er sie in den Garten ausgesperrt hatte, damit sie ungestört bliebe. Jetzt würde sie vielleicht bis zum Mittagessen allein bleiben können.

Verzauberter April

*I*ch bin neulich wieder von Besuchern geplagt worden – nicht beiläufigen, die man loswird, sobald man ihnen pflichtschuldig Tee verabreicht hat und Worte, die man später bedauert, sondern von Leuten, die bei uns gewohnt haben und überhaupt nicht loszuwerden waren. Den ganzen Juni habe ich so verloren, und er war von Anfang bis Ende ein Prachtmonat mit Wärme und Schönheit; aber ein Garten, wo man die Leute trifft, die man beim Frühstück gesehen hat und dann beim Mittag- und Abendessen wiedersieht, ist nicht der Ort, sich glücklich zu fühlen. Außerdem hatten sie es raus, meine Lieblingsplätze zu entdecken und dort herumzulungern, wenn mir eben selbst danach zumute war; und sie nahmen sich Bücher aus der Bibliothek und ließen sie die Nacht über aufgeschlagen dort draußen liegen, so daß sie ganz taudurchnäßt waren, obwohl sie doch hätten wissen können, daß Labsal für die Rosen für die Bücher Gift ist; und sie gaben mir zu verstehen, daß sie, obläge ihnen die Gestaltung des Gartens, schon längst damit fertig wären – wohingegen ich glaube, daß ein Garten niemals fertig ist. Gottseidank sind jetzt alle wieder weg, außer einer Besucherin, so daß ich eine kleine Verschnaufpause habe, bevor die nächsten ankommen. Der Ort scheint die Neugier der Leute zu wecken, und es muß Sensationswert haben, in einer derart gottverlassenen Gegend zu wohnen, denn ständig waren sie leicht belustigt darüber, daß sie überhaupt hier waren.

Elizabeth und ihr Garten

*M*anchmal halte ich mich stundenlang auf dem südlichen Pfad nah der Veranda auf und lausche und schaue. Es ist einer meiner Lieblingsplätze, und, obwohl gleich unter den Fenstern, ist es dort so abgeschieden. Auf dieser Seite des Hauses sind keine Schlafzimmer, bloß die Räume des Grimmigen und meine Tageszimmer. Kein Hausmädchen kann mich dabei beobachten, wie ich dort stehe und mich freue. Könnten oder würden sie es tun, ich ginge einfach nicht dorthin, denn nichts stört so sehr im tiefen Nachdenken als das Bewußtsein, neugierige Augen erspähten dich hinter einem Vorhang. Meiner Meinung nach ist der herrlichste Garten nichts wert, wenn es unmöglich ist, außer Sichtweite des Hauses zu gelangen – in welche Ecke du dich auch verkriechen willst, es starrt mit unbeweglichen Argusaugen auf dich herab. In England, dem Land der lieblichen Gärten, sah ich einmal Haus und Garten in Vollendung, kein Unkraut zugelassen, jeder Löwenzahn und jedes Gänseblümchen – die Lust der Genügsamen – schon vor Jahren ausgerottet, die Pflanzungen von exquisitem Geschmack, der Rasen so makellos, daß man kaum darauf treten mochte aus Angst, ihn schmutzig zu machen, und das Ganze völlig unbewohnbar für Menschen mit einem Hang zum Alleinsein, weil man, ganz gleich, wo man hingeht, überall gesehen wird. Seit ich hier in diesem geräumigen Gelände lebe, voll von Pfaden und Gehölzen, wo ich sicher bin, daß niemand mich findet, draußen weite Felder, Heideflächen und Wälder und soviel Raum, zu atmen und sich zu bewegen, fühle ich mich in jedem perfekten, übersichtlichen Anwesen eingeengt und bedrückt. Ich habe in dem kleinen, englischen Paradies einen glücklichen Nachmittag verbracht, war aber selig, es wieder verlassen zu können im Gedanken an meinen lieben, ungezähmten Garten und all die Verstecke, wo die Anemonen im Frühjahr wie Sterne blinken und wo es soviel Natur und sowenig Kunst gibt. Ich weiß, er wird mit jedem Jahr gepflegter werden, er ist aber viel zu groß, um je diesen Grad der Perfektion zu erreichen und so aufgeräumt auszusehen, daß sich unversehens die verwegene Vorstellung einstellt, allmorgendlich schwärmten Hausmädchen in Trupps aus, um jede einzelne Blume mit einem Staubwedel zu bearbeiten. Die Natur an sich ist nicht ordentlich, und in einem Garten sollte sie den ersten Platz einnehmen, wohingegen die Kunst mit ihren Harken und Scheren bescheiden an zweiter Stelle kommt. Kunst hat ihren Platz im Haus, wo sie sich über die Wände ausbreitet, in den Fenstervorhängen nistet, in den Sofakissen lauert und sich in einer Orgie von Töpfen manifestiert, wo immer Töpfe hinpassen mögen – da sollte sie sich wirklich draußen nicht vordrängen. Wie unerfreulich ist es, an jeder Ecke auf einen Gärtner mit Schubkarren zu stoßen, was in einem makellosen Garten unvermeidlich ist. Mein Gärtner, dessen Taubheit durch die Schärfe seines Augenlichts mehr als ausgeglichen wird, bemerkte sehr bald die düstere Miene, die ich aufsetzte, sobald ich ihm oder einem seiner Gehilfen auf den von mir bevorzugten Wegen begegnete, und seither meiden sie es, meinen Pfad zu kreuzen. Ich glaube, er hat sie bei den Gurkenbeeten angekettet, sie sind einfach verschwunden, und er läßt sie nur los, wenn er weiß, ich bin ausgefahren oder beim Essen oder schlafen gegangen. Nichts ist irritierender, als unter einem schattigen Baum zu sitzen, den Bleistift gezückt, die Augen himmelwärts gerichtet in Erwartung des göttlichen Funkens, der sich ohnehin nie einstellt, da kommt plötzlich ein Mann um die Ecke und beginnt augenblicklich ganz in der Nähe, die Erde mit seinen Krallen aufzuwühlen.

Einsamer Sommer

*W*enn die Kinder erwachsen und mürrisch geworden sind, wird es hier sehr hübsch sein, und dann mögen sie es vielleicht nicht; und sollten sie des Grimmigen Gleichgültigkeit Gärten gegenüber geerbt haben, lassen sie ihn verwildern und in den Zustand zurücksinken, in dem ich ihn vorgefunden habe. Oder vielleicht weigern sich auch die drei Ehemänner, darin zu leben oder überhaupt in solch eine Abgeschiedenheit zu ziehen, und dann ist natürlich sein Schicksal besiegelt. Mein einziger Trost ist, daß in der Einöde keine Ehemänner gedeihen und daß die drei lange warten müssen, bis sie allesamt mit einem versorgt sind. Von andern Müttern höre ich, es sei schon ein fürchterliches Geschäft, einen Ehemann zu finden; wieviel mühsamer dann wohl, sich gleichzeitig nach dreien umschauen zu müssen! – die Mädchen sind ja im Alter nicht so weit auseinander, und beinah wären die beiden jüngsten Zwillinge geworden. Aber ich werde mich nicht darum kümmern. Ich kann mir nichts Unbehaglicheres vorstellen als einen Schwiegersohn, und außerdem glaube ich nicht, daß ein Ehemann für ein Mädchen überhaupt etwas Gutes ist. Ich werde in den Jahren, die mir zur Verfügung stehen, mein Bestes tun, sie so zu erziehen, daß sie den Garten lieben und das Leben im Freien und sogar die Landwirtschaft; wenn sie nämlich einen Funken ihrer Mutter in sich haben, brauchen und wollen sie nichts anderes. Meine Hoffnung auf Erfolg ist jedoch äußerst gering, und wahrscheinlich erwartet mich eine gräßliche Zeit, wenn man mich im Winter jeden Tag auf die Bälle in den entfernten Städten schleppt – armes altes Mütterchen, das am hellichten Tag im Gesellschaftskleid fröstelt, nach einem hastigen Mittagessen zum Aufbruch gedrängt, und nicht hoffen darf, vor dem Frühstück am anderen Morgen nach Hause zu kommen. Sie haben nämlich schon jetzt ein beunruhigendes Verlangen an den Tag gelegt, auf »Partings« zu gehen, wie sie es nennen, das Aprilkind hat schon die Absicht geäußert, mit zwölf damit anzufangen. »Bist *du* zwölf, Mutti?« fragte sie mich.

Elizabeth und ihr Garten

*D*er Grimmige verabscheut Picknicks und hat keinen Blick für die Natur und die zugefrorene See und langweilt sich nur auf der langen Fahrt durch einen Wald, der nicht ihm gehört; eine einzelne Steckrübe auf seinem Besitz erscheint seinem Auge stattlicher als die höchste, rötlichste und geradeste Kiefer, die je ihr schneegekröntes Haupt gegen das Abendlicht erhob. Beachten Sie nun die Überlegenheit der Frau, die sieht, daß beides gut ist, und nachdem sie die Kiefer angeschaut hat und von ihrer Schönheit beglückt ist, nach Hause geht und seelenruhig die Steckrübe ißt.

Elizabeth und ihr Garten

IM GARTEN DURCH DAS JAHR

*E*s war der Abend des 1. Mai, und der Frühling hatte von mir Besitz ergriffen. Der Himmel war voller Sterne und der Garten voller Düfte und die Beete voll Goldlack und sü-ßen, verschmitzt dreinblickenden Stiefmütterchen. Tags-über war es windig gewesen, weiße Wolken waren unauf-hörlich über das Himmelsblau gesegelt. Jetzt war es so still, so reglos, als hätte sich eine beruhigende Hand über den Garten gelegt und alles verstummen lassen.

Einsamer Sommer

*J*eden Tag wanderte die strahlende Sonne um das Haus und verschwand am Abend im Meer, und absolut nichts hatte sich ereignet.

Die Dienstboten gähnten.

Und dennoch waren die vier Besucherinnen, während ihre Körper dasaßen – Mrs. Fishers – oder lagen – Lady Carolines – oder umherschlenderten – Mrs. Arbuthnots – oder einsam in die Hügel hochstiegen – Mrs. Wilkins' –, in Wirklichkeit überhaupt nicht apathisch. Ihr Geist war rege wie noch nie. Selbst nachts war ihr Geist rege, und ihre Träume waren klare, lichte, lebendige Gebilde, völlig anders als die schweren Träume von London. Es war etwas in der Atmosphäre von San Salvatore, das diese besondere Regsamkeit des Geistes hervorbrachte. Die Einheimischen freilich blieben, ungeachtet der sie umgebenden Schönheit, ungeachtet der verschwenderischen Jahreszeiten, für ungewohnte Gedanken unempfänglich. Ihr Leben lang hatten sie, Jahr um Jahr, das sich wiederholende Spektakel miterlebt, das der April in den Gärten veranstaltete, und Gewohnheit hatte es für sie unsichtbar werden lassen. Sie waren ihm gegenüber blind, sich dessen nicht bewußt, wie Domenicos Hund, der in der Sonne schlief.

Die Besucherinnen konnten dem Naturspektakel gegenüber nicht blind sein: zu auffällig war es nach dem über die Maßen nassen und trüben Londoner März. Plötzlich hierher versetzt zu sein, wo die Luft so still war, daß sie den Atem anzuhalten schien, wo das Licht so golden, daß die gewöhnlichsten Gegenstände verklärt wurden; hierher in diese

wohltuende Wärme versetzt zu sein, in Düfte, die einen umschmeichelten, und das alte graue Castello als Kulisse zu haben und in der Ferne die sanften, klaren Hügel der Land-
schaften von Perugini war ein erstaunlicher Gegensatz. Selbst
Lady Caroline, die ihr Leben lang an Schönheit gewöhnt
war, die überall gewesen und alles gesehen hatte, war verblüfft. In diesem Jahr war es ein besonders wundervoller Frühling, und von allen Monaten in San Salvatore war der April,
wenn das Wetter mitspielte, am besten. Der Mai brannte
und dörrte aus; der März war unstet und konnte streng und
kalt werden in seinem klaren Glanz; aber der April kam
sanft wie ein Segen daher, und wenn der April schön war,
war er so herrlich, daß man nicht umhinkonnte, als sich
wie verwandelt zu fühlen, angeregt und berührt.

Verzauberter April

*I*n der ersten Woche verblühten die Glyzinen, und vom Judasbaum und den Pfirsichbäumen fielen die Blüten herab und breiteten auf dem Boden einen rosafarbenen Teppich aus. Dann verschwanden alle Freesien, und die Schwertlilien wurden weniger. Und während sich diese davonmachten, blühten die gefüllten Lady-Bank's-Rosen auf, und die stolzen Sommerrosen prunkten mit einem Mal an den Mauern und Spalieren. Gelbes Glück war eine von ihnen; eine wunderschöne Rose. Und wenig später gaben die Tamariske und der Seidelbast ihr Bestes, und die Lilien erreichten ihre höchste Höhe. Gegen Ende der Woche warfen die Feigenbäume Schatten, die Pflaumenblüte zeigte sich zwischen den Olivenbäumen, die bescheidenen Weigelien erschienen in ihrem frischen rosa Aufzug, und auf den Klippen wucherten Massen von dickblättrigen, sternchenförmigen Blümchen, einige von intensivem Purpur und andere von blassem Zitronengelb. [...]

Im Garten verschwanden in der zweiten Woche die Dichternarzissen aus dem hohen Gras am Rande des Zickzackweges, und verwilderte Gladiolen, schlank und rosig, nahmen ihren Platz ein, weiße Nelken erblühten in den Rabatten und erfüllten die Umgebung mit ihrem rauchig-süßen Duft, und ein Busch, den niemand beachtet hatte, stand auf einmal in wohlriechender Pracht und Herrlichkeit da, und es war ein purpurner Fliederbusch. Man konnte an eine derartige Konfusion von Frühling und Sommer nicht glauben, wenn man nicht in diesen Gärten lebte. Alles schien gleichzeitig herauszukommen: das Schöne, was sich in England sparsam auf sechs Monate verteilte, war auf einen Monat zusammengedrängt. Mrs. Wilkins entdeckte eines Tages sogar Primeln in einem kühlen Winkel oben in den Hügeln; und als sie die zu den Geranien und den Heliotropen von San Salvatore hinunterbrachte, sahen sie eingeschüchtert aus. […]

In der letzten Woche stand in San Salvatore der Flieder in Blüte, und alle Akazien blühten auf. Niemand hatte bemerkt, wie viele Akazien es gab, bis an einem Tag der Garten erfüllt war mit einem neuen Duft, und da zeigten sich die zierlichen Bäume, die dekorativen Nachfolger der Glyzinen, voll behangen mit Blüten zwischen ihren zitternden Blättern. In dieser letzten Woche unter einer Akazie zu liegen und hochzuschauen durch die Zweige und zu sehen, wie ihre zarten Blätter und weißen Blüten gegen das Blau des Himmels erbebten, währen der leiseste Luftzug ihren Wohlgeruch herunterwehte, war ein großes Glücksgefühl. Der ganze Garten hüllte sich wahrlich gegen Ende des Monats nach und nach in Weiß und duftete immer betörender. Da blühten die Lilien, kräftig wie eh und je, die weißen Levkojen und die weißen Nelken und die weißen Lady-Bank's-Rosen und der Flieder und der Jasmin, und schließlich kam der krönende Wohlgeruch der Akazien. Als am ersten Mai alle abreisten, konnten sie, selbst nachdem sie den Hügel hinab und durch die schmiedeeisernen Tore hindurch ins Dorf gelangten, noch die Akazien riechen.

Verzauberter April

$\mathcal{B}$eim Blick aus dem Fenster vermag ich kaum zu glauben, daß dies noch derselbe Garten ist: die Wolken ziehen in dunklen Schichten darüber hin, und ab und zu überfallen kurze, heftige Schauer seine verwirrten, wehrlosen Bewohner, die ihre Wurzeln nicht aus der Erde reißen und um ihr Leben rennen können, was sie sicherlich nur zu gern täten. Wie traurig für eine Pflanze, die eben noch ihre lieblichsten Blüten geöffnet hat, von denen sie den ganzen Winter lang träumte, das Werk ihrer harten Arbeit unter der Erde während der kalten Frühlingswochen, und dann kommt ein boshafter Guß, der nur fünf Minuten anhält, und entblättert sie, schlägt auf sie ein und bedeckt die zarten, zerbrechlichen Dinger mit häßlichen Dreckspritzern! Auf jedem Beet reihen sich die Opfer des Regensturms, und die, welche dem ersten standgehalten haben, werden vom nächsten hingemäht. Wahrscheinlich muß ich mich darauf einstellen, alle Blumen, die zur vollsten Schönheit erblüht waren, zerstört zu sehen, auch die weiße Blütendolde, die – ist es schon hundert Jahre her? – mein Gesicht streifte. Da heißt es, unverdrossen auf die Entfaltung der jungen Knospen hoffen, die nicht zu Schaden gekommen sind.

Ich kenne diese Stürme. Sie kommen ganz plötzlich, immer aus Nordwesten, und bringen Kälte mit. Für einen oder zwei Tage ruinieren sie meinen Garten – im Sommer gehen sie mir auf die Nerven und zu allen anderen Jahreszeiten unter die Haut. Doch sie haben auch etwas Wertvolles, mit ihnen kommt ein herrliches kaltes Licht, ein klarer, tiefblauer Himmel mit der fast purpurfarbenen Schwärze der Wol-

ken, die sich schon in den nächsten Minuten zu köstlichem
Weiß wandelt. Sie jagen heulend über das flache Land, als
ob zehntausend Teufel mit Peitschen hinter ihnen her wären, und wenn dann die Sonne durchbricht, gleicht nichts
in der Natur dieser klaren Schärfe der Luft; alles Milde, Un-
bestimmte ist weggefegt, und jedes Blatt und jeder Zweig
glitzert im kühlen Licht. Er trägt nicht zum Wohlbefinden
bei, dieser Nordweststurm. Er behandelt uns wie den Garten, doch mit gegensätzlicher Wirkung: Er reibt alles Weiche aus unseren Gesichtern, ich sehe es an den Kindern und
kann dem weiteren Beweis an meinem eigenen Spiegelbild
aus dem Weg gehen. Aber er bringt auch Leben mit, glühen-
des, intensives, robustes Leben, und wenn im Oktober, nach
Wochen heiteren Wetters, der Sturm plötzlich mit seiner
ganzen Wildheit einfällt, überraschend die Kälte da ist, die
Bäume innerhalb einer Stunde laublos dastehen – das ist
ein aufrüttelndes Gefühl. Der Winter steht vor der Tür,
Zeit, sich aufzuraffen, Arbeit und Selbstzucht und Strenge
erwarten uns, die ernste Jahreszeit, die uns zwingt, unsere
Träume und Sehnsüchte beiseite zu legen und uns den Tat-
sachen zu stellen. Sie zeigt uns, aus welchem Stoff wir gemacht sind. Keiner mag wohl den Sommer, die holde Zeit
der Schwärmereien, mehr als ich. Doch ich habe nicht das
Bedürfnis, ihn zu verlängern, indem ich in den Süden flie-
he, sobald der Winter anklopft, und mich um die Lehren
eines halben Jahres herumdrücke. Es ist schön und lehr-
reich, mit seinen Pflanzen zu werkeln, doch es ist auch un-
erläßlich für Leib und Seele, die Arbeit ein paar Monate ru-

hen zu lassen und sich mit den grimmigen Seiten des Lebens zu befassen. Ein langer, harter Winter, ohne auszuweichen von Anfang bis Ende erlebt, ist eine der heilsamsten Erfahrungen der Welt. Er duldet keinen Spaß, sein tödlicher Ernst läßt keine Hirngespinste und zarten Empfindungen aufkommen. Das Thermometer sinkt auf −20 °R, und mit ihm geht es abwärts zu den Realitäten, zu jenem Elementarzustand, wo alles übergroß scheint – Gesundheit und Krankheit, Freude und Trauer, Entzücken und Verzweiflung. Dann denkt man an seine ärmeren Nächsten, eilt in ihre Häuser und schaut nach, ob sie mit ausreichend Wärme und Nahrung für den langen Kampf gewappnet sind. Und bei sich zu Hause rückt man näher zusammen. Draußen ist es zum Gehen zu kalt, also läuft man und wird dafür mit der Überzeugung belohnt, keinesfalls älter als fünfzehn zu sein. Oder man schlüpft in seinen Pelz und gleitet geschwind im Schlitten über den Schnee, und kaum eine Musik ist lieblicher als sein Glockengeläut. Oder man nimmt die Schlittschuhe und macht sich auf zum See, zu dem man so oft an Juniabenden gefahren ist, als er rosig im Abendlicht unter Schwärmen von Wildenten und Regenpfeifern lag. Jetzt ist es dort totenstill, nur das Schwirren der Schlittschuhkufen ist zu vernehmen, und es wäre melancholisch, fühlte man sich nicht so fröhlich und warm. Unter keinen Umständen möchte ich auch die frühe Dunkelheit missen, den behaglichen Tee am Kaminfeuer und die langen Abende mit meinen Büchern. An solchen Abenden bin ich froh, nicht in einer Höhle zu leben, wie es mir, zugegeben, in hochgemuteren Zeiten schon vorschwebte. Dann bin ich auch am ehesten imstande, mit wachem Geist den Ausführungen des Grimmigen zu folgen. Und dann lausche ich nur zu gern dem Gebrüll des Sturms und stimme, die Füße am warmen Feuer, aus ganzem Herzen dem Dichter zu, der behauptet, alles, was wir erblickten, sei voll des Segens.

Doch gibt es etwas Traurigeres als einen kalten Sturm im Hochsommer? Den ganzen Tag habe ich fröstelnd und niedergeschlagen zugebracht, eingesperrt hinter den regenüberströmten Fensterscheiben. Ein Feuer wollte ich nicht, weil es in den Wetterpausen, wenn die Sonne heiß brennt, so fehl am Platz erscheint. Ein- oder zweimal griff ich dann doch nach der Klingel und wollte veranlassen, daß Feuer gemacht wird, aber da kam gerade die Sonne hervor, es war wieder Juni, und ich rannte frohgemut in den tropfenden, glitzernden Garten.

Einsamer Sommer

*D*er August ist da, er kleidet die Hügel in goldene Lupinen und bedeckt die Grasböschungen mit Glockenblumen. An wolkenlosen Tagen sind die Lupinenfelder so herrlich, daß ich in letzter Zeit die Wälder gemieden habe und nur im Land herumgefahren bin, um mich an ihrem Duft zu ergötzen und meine Augen an ihrer Schönheit zu weiden. Ein leuchtendoranger Abhang, der gegen den Himmel ragt, ist ein Anblick, der mich vor Glück fast Schmerz empfinden läßt. Die aufrechten, kraftvollen Blütendolden haben etwas von Hyazinthen, doch sie glühen in einem so himmlisch starken Licht, wie es gelbe Hyazinthen nie und nimmer fertigbrächten. Sie sind auch nicht wächsern, sondern samtig, ihr Blattwerk hängt nicht schlaff herunter, es bildet vielmehr zarte, doch kräftige Zweige von erlesenstem Graugrün, und die Blüte daran webt einen Schleier über das ganze Feld. Was den Duft betrifft, so ist er im wahrsten Sinne des Wortes paradiesisch. Die ganze Pflanze ist ein köstlicher Anblick – Form, Wuchs; Blüte und Blatt.

Einsamer Sommer

15. September. – Dies ist der Monat der stillen Tage, des karmesinroten wilden Weins und der Brombeeren, der heiteren Nachmittage im reifenden Garten, des Teetrinkens unter Akazien statt unter allzu schattigen Buchen, des Holzfeuers in der Bibliothek an frostigen Abenden. Die Kinder gehen nachmittags ins Freie und pflücken Brombeeren von den Sträuchern, die drei Kätzchen, inzwischen groß und wohlgenährt, sitzen auf der sonnigen Verandatreppe und putzen sich; der Grimmige schießt jenseits der fernen Stoppelfelder Rebhühner; und der Sommer scheint für alle Zeit weiterträumen zu wollen. Es ist so schwer, sich vorzustellen, daß wir in drei Monaten wahrscheinlich eingeschneit sein werden und sicherlich frieren. Dieser Monat hat etwas an sich, das mich an den März erinnert und an frühe Apriltage, wenn der Frühling noch zögernd auf der Schwelle steht und der Garten erwartungsvoll den Atem anhält. Die gleiche Milde ist in der Luft, und der Himmel und das Gras haben das gleiche Aussehen; nur das Laub erzählt eine andere Geschichte, und der sich rötende wilde Wein am Haus nähert sich rasch seiner letzten und schönsten Prachtentfaltung.

Elizabeth und ihr Garten

10. November. – Letzte Nacht hatten wir 7 Grad minus, und als erstes ging ich am Morgen nach draußen, um zu sehen, was aus den Teerosen geworden war, und siehe da, sie waren hellwach und putzmunter – zwar mit Rauhreif bedeckt, aber alles andere als schwarz und verkümmert. Selbst die Blumen in den Kästen beiderseits der Verandatreppe waren quicklebendig und voller Knospen, und besonders die Bouquet d'Or strotzt nur so von Knospen und würde bei der kleinsten Ermutigung aufblühen. Allmählich glaube ich, daß man die Empfindlichkeit der Teerosen doch stark übertreibt, und ich bin heilfroh über meinen Mut, es mit ihnen in diesem nördlichen Garten zu versuchen. Allerdings darf ich die Vorsehung nicht allzusehr herausfordern und habe darum diese Blumenkästen zum Überwintern ins Gewächshaus stellen lassen in der Hoffnung, daß sich die Bouquet d'Or auf ihrem sonnigen Platz dicht hinter der Scheibe vielleicht dazu verleiten läßt, einige Knospen zu öffnen. Das Gewächshaus dient nur als Zufluchtsstätte, und seine Temperatur ist stets gerade über dem Gefrierpunkt; es ist ausschließlich solchen Pflanzen vorbehalten, die den strengsten Winter nicht im Freien überstehen können. Ich gebrauche das Gewächshaus nicht, um etwas hochzuziehen, weil ich Pflanzenzeug nicht mag, das den Garten nur drei oder vier Monate im Jahr verträgt, ansonsten Gutzureden und Hätscheln erfordert. Gebt mir einen Garten voller robuster, gesunder Geschöpfe, die Rauheit und Kälte überstehen können, ohne gleich klein beizugeben und einzugehen. Ich habe nie eine schwächliche

Konstitution für etwas Hübsches halten können, weder bei Pflanzen noch bei Frauen. Zweifellos lassen sich viele liebliche Blumen durch Treibhaushitze und stetes Hätscheln heranziehen, andererseits kann man jede von ihnen durch fünfzig andere noch lieblichere ersetzen, die dankbar in Gottes gesunder Luft wachsen und dafür mit viel intensiverem Duft und leuchtenderer Farbe gesegnet sind.

Wir haben bis jetzt daran gearbeitet, die Dauerbeete in Ordnung zu bringen und die neuen Teerosen auszupflanzen, und ich sehe trotz meiner Fehlschläge viel zuversichtlicher als je zuvor dem nächsten Sommer entgegen. Ich wünschte mir, die Jahre vergingen rascher, die meinen Garten vollenden! Das Persisch-Gelb hat sein neues Quartier bezogen, und auf seinem Platz steht jetzt die Safrano-Rose; alle Rosenrabatten sind mit einem Teppich aus Stiefmütterchen ausgelegt, die im Juli gesät und im Oktober umgepflanzt worden sind, jede Rabatte hat ihre eigene Farbe. Die purpurnen Stiefmütterchen sind am reizendsten und passen gut zu jeder Rosenart, aber zu der Laurette Messimy habe ich weiße gewählt und gelbe zu den Safrano-Rosen, und im großen roten Rosenbeet in der Mitte eine neue rote Sorte. Um den Halbkreis herum sind an der Südseite der kleinen Ligusterhecke zwei Reihen mit einjährigem Rittersporn in all seinen zarten Schattierungen gesät, und dicht dahinter befindet sich auf dem Rasen ein Halbkreis mit Teerosenbäumchen und anderen hochstämmigen Rosen. Die langen Beete vor dem Haus tragen Rittersporn, einjährigen und perennierenden, Akelei, Riesenmohn, Nelken, Madonnenlilien, Goldlack, Stockrosen, winterharten Phlox, Pfingstrosen, Lavendel, Astern, Kornblumen, Lichtnelken, und Blumenzwiebeln stecken, wo immer sie gerade hinpassen. Das sind die Beete, die von anderen Gärtnern kaum genutzt worden sind. Die Frühlingskästen für die Verandatreppe sind mit rosafarbenen, weißen und gelben Tulpenzwiebeln bestückt. Ich liebe Tulpen mehr als alle andern Frühlingsblumen; sie sind das Inbild munterer Heiterkeit und graziler Anmut, und neben einer Hyazinthe sieht eine Tulpe aus wie ein gesundes, frisch gebadetes junges Mädchen an der Seite einer gesetzten Dame, die mit jeder Bewegung die Luft mit Patchouli schwängert. Ihr zart-dezenter Duft ist Raffinement par excellence; und gibt es etwas Anmutigeres als die Lebhaftigkeit, mit der sie ihr Gesichtchen zur Sonne hochhebt? Wie ich höre, hält man sie für dreist und prunkend, auf mich wirken sie aber nur bescheiden anmutig, allerdings immer erpicht, das Leben soviel wie möglich zu genießen, und dabei sehen sie der Sonne oder sonst einer höheren Macht furchtlos ins Auge. Auf dem Rasen gibt es zwei Tulpenbeete, ausgelegt mit einem Kissen aus Vergißmeinnicht; und überall verstreut Büschel von Osterglocken und Narzissen. An den Wegen mit den Wildsträuchern werden hoffentlich Fingerhut und Königskerzen majestätisch leuchten; und eine schattige Ecke, die von einer Kieferngruppe geschützt ist, hat die Gunst von Madonnenlilien, weißem Fingerhut und Akelei. In einer fernen Lichtung habe ich um eine einsam in der Sonne stehende Eiche einen Frühlingsgarten angelegt: Grüppchen von Krokussen, Osterglok-

ken, Narzissen, Hyazinthen und Tulpen zwischen solch blühenden Stauden und Zierbäumen wie *Pirus Malus specta-
bilis, floribunda* und *coronaria; Prunus juliana,* Weichsel-
kirsche, *Prunus serotina,* Mandelbäumchen und Pissardi;
Quitten und Weigelien in allen Farben und verschiedene
Weißdornsorten und sonstige Maischönheiten. Wenn das
Wetter mitspielt und wir zur rechten Zeit milde Regenschauer haben, stelle ich mir dieses Plätzchen wunderschön
vor.

Elizabeth und ihr Garten

7. Dezember. – Ich war in England. Ich wollte mindestens einen Monat dort bleiben, verbrachte eine Woche im Nebel und wurde im Sturm wieder heimgeweht. Zweimal bin ich vor dem Nebel aufs Land geflohen, um Freunde mit Garten zu besuchen, aber es regnete ständig, und außer dem schönen Rasen (unerreichbar im Vaterland) und den unbegrenzten Möglichkeiten gab es nichts, was den intelligenten und gartenliebenden Fremden interessieren konnte, aus dem einfachen Grund, weil unterm Regenschirm das Interesse an Gärten schwindet. Darum kehrte ich in den Nebel zurück, und nachdem ich noch weitere Tage im Nebel herumgeirrt war, begann ich mich unmäßig nach Deutschland zu sehnen. Ich war kaum losgefahren, als plötzlich ein fürchterlicher Sturm aufkam, und die Reise über See und Land hatte auch sonst ihre großen Schrecken; die Züge in Deutschland sind derart überheizt, daß man unmöglich ruhig sitzen bleiben kann, ständig drängen starke Hitzewellen unter den Kissen hoch, die ohnehin schon sehr heiß sind, und der unglückliche Reisende ist noch erhitzter. Aber als ich mein Zuhause erreichte und aus dem Zug in die reinste und glänzendste Schneestimmung stieg, da war die Luft so still, als ob die ganze Welt lauschte, der Himmel wolkenlos, der knisternde Schnee funkelte unter dem Fuß und auf den Bäumen, und ich sah die wartende Schar von drei glücklich strahlenden Kindern und war für all meine Qual entschädigt und erinnerte mich ihrer nur noch, um mich zu fragen, warum ich überhaupt verreist war. […]

Das Haus, halb unterm Schnee begraben, sah wie das Inbild des Friedens aus; und ich rannte durch alle Räume, begierig darauf, sie wieder in Besitz zu nehmen, und im Gefühl, als wäre ich eine Ewigkeit fortgewesen. Bei der Bibliothek hielt ich inne – ah, das vertraute Zimmer, welch glückliche Zeiten hatte ich dort verbracht, in den Büchern zu stöbern, Pläne für meinen Garten zu machen, Luftschlösser zu bauen, zu schreiben, zu träumen, nichts zu tun! Ein mächtiges Torffeuer loderte den halben Kamin hoch, und die alte Wirtschafterin hatte Blumentöpfe hingestellt, und auf dem Schreibtisch stand ein großer Strauß Veilchen und erfüllte das Zimmer mit Wohlgeruch. […] Draußen blendender Schnee und Sonnenschein, drinnen der helle Raum und die glücklichen Gesichter – ich dachte an jene gelben Nebel und schauderte.

Der Grimmige benutzt die Bibliothek nicht; sie ist neutrales Terrain, auf dem wir uns abends für eine Stunde treffen, bevor er sich in seine Gemächer zurückzieht – eine Reihe stark verräucherter Höhlen in der Südostecke des Hauses. Sie sieht viel zu heiter für eine ideale Bibliothek aus; und ihr Farbton, weiß und gelb, wirkt mit seiner Munterkeit fast frivol. An allen Wänden stehen weiße Bücherregale, und es gibt einen großen Kamin und vier Fenster, die genau nach Süden gehen auf mein liebstes Stück Garten: das Stück rings um die Sonnenuhr; mit so viel Farbe und mit solch riesigem Feuer und mit solchen Fluten von Sonnenlicht hat sie trotz der vielen ehrwürdigen Bände in den Regalen gar nichts Nüchternes an sich. Es würde mich nicht überraschen, wenn sie von ihren Plätzen herabsprängen und mit geschürzten Blättern zu tanzen anfingen. Mit diesem Zimmer zum Leben kann ich völlig gelassen dem Einschneien entgegensehen, egal, wann die Vorsehung das für angemessen hält; und der Gang in den verschneiten Garten hinaus wirkt wie ein Reinigungsbad. Der erste Atemzug beim Öffnen der Tür ist so unbeschreiblich rein, daß ich nach Luft ringen muß und mir wie etwas Schwarzes, Sündiges in all dieser Makellosigkeit vorkomme. Gestern saß ich den ganzen Nachmittag draußen bei der Sonnenuhr, das Thermometer zeigte viele Grade unter dem Gefrierpunkt, und bis es wieder den Weg nach oben findet, wird's Wochen dauern; aber da war kein Wind, nur herrlicher Sonnenschein, und ich war wohlverpackt in Pelze. Ich ließ mir sogar zum Erstaunen der Dienstboten den Tee hinausbringen, und lange nach Sonnenuntergang saß ich noch dort und genoß die frostige Luft. Ich mußte den Tee eiligst trinken, er wäre sonst gefroren. Nach Sonnenuntergang kehrten die Krähen mit Getöse und Geflatter zu ihren Nestern im Garten zurück und ließen sich erst nach vielem Zaudern und Gezanke auf ihre jeweiligen Bäume nieder. Sie flogen zu Hunderten mit mächtigem Flügelschlag über meinen Kopf hinweg, und nachdem sie es sich bequem gemacht hatten, senkte sich tiefe Stille auf den Garten, und das Haus glich mit seinem weißen Dach gegen das klare Blaßgrün des westlichen Himmels und dem Schein des Lampenlichts in den Fenstern einer Weihnachtskarte.

Elizabeth und ihr Garten

*D*er Februar war vorbei, ehe ich ihn überhaupt richtig wahrgenommen hatte, so sehr war ich damit beschäftigt, Frühbeete vorzubereiten und Petunien, Verbenen und *Nicotiana affinis* auszusäen; nicht weniger als dreißig Beete sind allein dem Gemüse vorbehalten, da es mir kürzlich aufgegangen ist, es müßte doch interessant sein, verschiedene Gemüse zu ziehen, das auch noch solide Tugenden hat, die den Blumen abgehen, und daß ich ebenfalls den Obst- und den Küchengarten unter meine Fittiche nehmen könnte. So habe ich mit dem Eifer gänzlicher Unerfahrenheit während meiner Februarabende begierig die Gartenratgeber studiert und die Tage damit verbracht, die frisch erworbene Weisheit in die Tat umzusetzen. Wer behauptet, der Februar auf dem Lande sei trüb, trist und träge? Hier jedenfalls war er von der heitersten und hurtigsten Art, und seine milden Tage erlaubten mir, mit dem Umgraben und Düngen gut voranzukommen und meine Zimmer mit Schneeglöckchen zu füllen.

Elizabeth und ihr Garten

*A*ch, ich könnte vor Freude jauchzen und tanzen, daß der Frühling da ist! Dieses Wiedererwachen von Schönheit in meinem Garten und heller Zuversicht in meinem Herzen! Den strahlenden Osterfeiertag habe ich ganz im Freien verbracht, zuerst zwischen Anemonen und Scharbockskraut sitzend, später dann spazierte ich mit den Kleinen zum Hirschwald, um zu sehen, was der Frühling dort vollbracht hatte; und der Nachmittag war so warm, daß wir lange Zeit auf dem Gras lagerten und durch die kahlen Zweige der Sandbirken zu den weichen, prallen Wölkchen hinaufblinzelten, die fast regungslos im Blau dahinglitten. Wir tranken Tee auf der sonnigen Wiese, und als es spät wurde und die Kinder im Bett lagen und all die kleinen Anemonen sich für die Nacht zusammengefaltet hatten, wanderte ich noch auf den grünen Wegen umher, von Herzen dankbar und glücklich. Man wird ganz demütig, wenn man sich von solch einer Fülle von Schönheit und vollkommener Harmonie umgeben sieht, die einem großzügig von Unbekannt geschenkt wird, und wenn man an die unbeschreibliche Armseligkeit unserer eigenen widerwilligen Mildtätigkeit denkt und wie unzufrieden wir sind, wird sie nicht prompt und gebührend gewürdigt. Ich hoffe mit aller Zuversicht, daß ich mit der Zeit der immerwährenden Segnung, die von meinem Garten ausgeht, würdiger werde und zunehme an Huld und Geduld und an Fröhlichkeit, wie die glücklichen Blumen, die ich so sehr liebe.

Elizabeth und ihr Garten

DIE GANZE WELT, MEIN GARTEN
Die Verführung der unberührten Natur

*E*s war halb drei Uhr nachmittags an einem Freitag Mitte Juli, als wir die Bahnhofsbeamten ihrem langweiligen Dienst überließen, um die Hausecke bogen und in die weite Welt aufbrachen. Der blaue Himmel flirrte vor Hitze. Die Straße schlängelte sich in sanftem Auf und Ab zwischen Feldern dahin, das von der Sonne gebleichte Getreide reifte der Ernte entgegen. Hoch über unseren Köpfen flatterten Lerchen im lichten Blau und brachen in jenes stürmische Trillieren aus, bei dem mir stets das Herz schneller schlägt vor Dankbarkeit, am Leben zu sein. Es gab weder Wälder noch Hügel, und so konnten wir nach beiden Seiten weit über das flache Land blicken. Wir sahen die roten Dächer der Bauernhäuser, die sich überall dort zusammendrängen, wo eine Senke sie vor den heftigen Winterstürmen zu schützen vermag, sodann die schnurgerade doppelte Baumreihe, wo die Straße nach Stralsund die unsere kreuzte, des weiteren eine Meile vor uns ein kleines Dorf mit einer etwas erhöht gelegenen altehrwürdigen Kirche, die über den weiten Pfarrbezirk der Kornfelder ringsum ernsthaft den Vorsitz führte. Auf der kurzen Strecke zwischen Miltzow und der Fähre bin ich bestimmt sechsmal ausgestiegen, unter dem Vorwand, Blumen pflücken zu wollen, in Wirklichkeit jedoch, um einfach nach Herzenslust herumschlendern zu können. Die Roggenfelder waren voller Wegwarte und Mohn, die Gräben entlang der Straße, wo sich die Feuchtigkeit des Frühjahrs gehalten hatte, waren weiß von der zarten Blütenpracht des Gemeinen Kerbels, des ätherischsten Unkrauts überhaupt. Davon pflückte ich einen Armvoll, um ihn gegen das Blau des Himmels zu halten, während wir weiterfuhren. Ich überreichte Gertrud einen Strauß Mohn, für den sie sich ohne große Begeisterung bedankte; ich steckte den Pferden kleine Wegwartesträußchen hinter die Ohren. Eigentlich fühlte und benahm ich mich wie eine Fünfzehnjährige, die zum ersten Mal in den Sommerferien unterwegs ist. Doch wen störte das schon?

Elizabeth auf Rügen

*A*ll der strahlende Glanz Italiens im April lag ausgebreitet ihr zu Füßen. Die Sonne ergoß sich über sie. Das Meer schlummerte darin, fast unbewegt. Jenseits der Bucht ruhten auch die lieblichen Berge, reich an Farbnuancen, im Licht; und unterhalb ihres Fensters, am Fuße des blumenübersäten Grashügels, aus dem sich die Mauer des Castellos erhob, stand eine große Zypresse, die wie ein großes schwarzes Schwert durch die zarten Blau-, Violett- und Rosatöne der Berge und des Meeres schnitt.

Sie staunte. Solche Schönheit; und sie war da, um sie zu sehen. Solche Schönheit; und sie am Leben, um sie zu fühlen. Ihr Gesicht war in Licht gebadet. Köstliche Düfte stiegen zu ihrem Fenster hoch und umschmeichelten sie. Eine leichte Brise bewegte sanft ihr Haar. Weit draußen in der Bucht trieb eine Schar von Fischerbooten, fast ohne Bewegung, wie ein Schwarm weißer Vögel, auf dem ruhigen Meer. Wie schön, wie schön! Nicht zuvor gestorben zu sein …, das sehen zu dürfen, zu atmen, zu fühlen … Sie starrte mit offenem Mund. Glücklich? Welch dürftiges, gewöhnliches Alltagswort. Aber was konnte man denn sagen, wie ließe es sich beschreiben? Es war, als müßte sie zerspringen, als wäre sie zu klein, um soviel Freude in sich zu halten, als wäre sie von Licht durchdrungen.

Verzauberter April

Sie hatte die deutschen Damen vergessen und Amerika und die Zukunft, die nun gleich auf sie einstürmen würde, und war in Gedanken wieder weit weg an den Gestaden der Ostsee, wo nach einem Sturm immer Bernsteinstückchen an den Strand gespült wurden und im seichten, besonnten, kaum salzhaltigen Wasser blasse Binsen wuchsen und immerzu ein süßer Veilchenduft in der Luft zu hängen schien. In allen Bauerngärten des kleinen Dorfes, dessen Häuser dicht gedrängt standen, wo sich der Wald gelichtet hatte, wuchsen Veilchen, denn das Erdreich dort enthielt irgend etwas, das die Veilchen so prächtig gedeihen ließ wie sonst nirgends auf der Welt, und im Mai war der ganze Wald, so weit man laufen konnte, von ihrem Duft erfüllt. Wie herrlich war es, an einem Maiabend, nachdem es geregnet hatte! Wie herrlich, auf den schwarzen, schlikkigen Waldwegen zwischen den nassen Fichtenstämmen hindurchzurennen, immer weiter und weiter, hinaus zum Strand, um die Sonne unter den großen düsteren Nachmittagswolken zur Linken, wo Dänemark lag, untergehen zu sehen und das Gesicht der wundervollen Brise entgegenzustrecken, in der sich der köstliche Meergeruch und der Veilchenduft vermischten. […]. Unglaublich war sie, die Geborgenheit jener Tage, die wohlige Wärme, der sorglose Blick über das offene, weite Land …

In ein fernes Land

*W*emyss, der seine Pfeife gestopft hatte, zündete sie an und blieb rauchend vor dem Kamin stehen, wobei er gelegentlich auf seine Uhr schaute, während Lucy auf das Bild starrte. Herrlich, herrlich, durch diese Tür dort hinausrennen zu können ins Freie, in die Wärme und den Sonnenschein, weg und immer weiter weg ...

Es war das einzige Bild im Zimmer; ja, das Zimmer war merkwürdig kahl – ein karges Zimmer ohne Teppich auf dem glatten Boden, nur ein paar vereinzelte Vorleger und keine Vorhänge. [...] Aber welch ein Glanz von diesem einen Bild ausging! Welch wundervolles Wetter darauf herrschte! Sie war überzeugt davon, daß es sich um keine englische Landschaft handelte. Es war ein strahlender, sonnenbeschienener Ort mit vielen Mandelbäumen in voller Blüte – ein richtiger Mandelbaumgarten, wie es schien, in einer Wiese voller kleiner Blumen, ganz bunten kleinen Blumen, deren Bezeichnung sie nicht kannte. Und durch die offene Tür in der Mauer sah man einen Streifen sonnendurchglühten, leuchtenden Landes. Es erstreckte sich weit hin, bis es mit dem Blau der Ferne verschmolz. Es entstand der Eindruck endloser Weite, ungeheurer Freiheit. Man fühlte sich förmlich hinausrennen in diese Weite, das Gesicht der Sonne zugewandt, die Arme ausbreiten im Taumel der Befreiung, der Erlösung ...

»Es ist irgendwo im Ausland«, sagte sie nach längerem Schweigen.

»Das nehme ich wohl an«, sagte Wemyss.

Vera

*G*estern lag ich den lieben langen Tag im Gras vor der Haustür und beobachtete, wie die weißen Wolken nach und nach gemächlich und in weiten Abständen über die Spitzen der Rittersporne zogen – der Reihe von Ritterspornen, die ich vor all den Jahren pflanzte. Ich dachte an nichts; ich lag einfach in der warmen Sonne, blinzelte zum Himmel hoch und zählte die Sekunden, die die Wolken von einer Spitze bis zur nächsten brauchten. Ganz bewußt nahm ich das intensive Blau der Rittersporne in mich auf, die kerzengerade in den Himmel ragten. Welch eine Bläue! Und doch nicht so blau, so tiefblau, so leuchtend blau wie der Himmel, der sich hinter ihnen wie ein großes Becken auftat, gefüllt mit jenem durchsichtigen Blau der Luft, jenem lieblichen, von violetten Schatten durchsetzten Blau; denn der Berg, auf dem ich nun bin, fällt jäh ab vom Rand meiner winzigen Terrasse, und der gesamte Raum zwischen mir und den gegenüberliegenden Bergen ist den ganzen Tag mit blauem und violettem Licht gefüllt. Nachts hat man den Eindruck, der Talgrund sei ein großer See und die Lichter, die in dem Städtchen hingestreut liegen, die zitternden Reflexe der Sterne. […]

Die Ruhe hier oben ist ganz erstaunlich. Es gibt kaum Vögel. Es ist fast völlig windstill, kein Blatt regt sich, und das Gras bewegt sich kaum. Die Grillen zirpen fleißig, und der Klang von den Glocken der in höheren Gebirgsregionen weidenden Kühe schallt zu mir herunter; aber sonst herrscht hier nur himmlische, sonnendurchflutete Ruhe.

Als ich in London losfuhr, regnete es. Die *Peace Day-*

Fahnen, die immer noch entlang der Straßen gehißt waren, hingen schwer herab in der feuchten Luft, die einem November alle Ehre gemacht hätte, so naßkalt und so düster war es. Ich hatte mich schon darauf eingestellt, bei meiner Ankunft einen jener Gebirgsnebel zu erleben, die alles hier manchmal tagelang einhüllen – breite Streifen feuchten grauen Zeugs, das einen wie eine kalte, klamme Flanelldecke die Sicht auf die gegenüberliegenden Berge und das Tal und die Sonne nimmt. Statt dessen empfing mich Sommer: so schön und klar, so frisch und warm zugleich, wie nur der Sommer hier oben auf den honigduftenden Matten sein kann, wenn die Bauern mit der Heuernte beginnen – denn hier oben ist alles einen Monat später dran als im Tal. Und wenn man noch höher steigt, holt man den Juni ein, und wenn man immer höher und höher steigt, soweit einen die Füße tragen, kommt man wieder in den Frühling. Aber in meinem Zustand steht einem nicht der Sinn danach. Man will nur bleiben, wo man ist. [...]

Wenn man sich gen Westen wendet und an der Flanke des Berges immer weiter und weiter geht, ohne nach oben oder unten auszuweichen, und deshalb die Dinge zu nehmen hat, wie sie kommen, und sich irgendwie durchschlagen muß – tosende Sturzbäche, jähe Schluchten, riesige, von einem längst vergessenen Sturm entwurzelte, quer überm Weg liegende Bäume und all die Dinge, die das Gebirge für einen in petto hat –, kommt man nach einer zweistündigen abwechslungsreichen Wanderung durch dunkle Felsbrocken und düstere Wälder, durch leuchtende Wiesen voller

Blumen und eingestreute Kornfelder, durch Gruppen von Obstbäumen und ausgedehnte sonnendurchflutete Gefilde, in denen es nichts zwischen einem selbst und den erhabenen schneebedeckten Gipfeln zu geben scheint, auf schmalen Pfaden, wo es so finster ist, daß man kaum sieht, wohin man tritt, wo es nach Harz riecht und heißen Fichtennadeln, nach Wanderlust und frisch gemähtem Heu, dann wieder nach Schnittholz, nach Wasser, das über Steine sprudelt, oder nach Morast, nämlich dort, wo die Bauern einen Teil des Gebirgsbachs durch seichte Kanäle in ihre Felder geleitet haben, wo es nach Honig riecht, nach Heißem und Kaltem – nachdem man also zwei Stunden so dahingewandert ist, wovon man wegen des durchwegs beschwerlichen Untergrunds schnell müde würde, wenn man sich nicht von der Luft auf merkwürdige Weise getragen fühlte, so als schwebe man dahin, gelangt man schließlich an den Rand eines steilen Abhangs, wo ein paar Lärchen stehen.

Da setzt man sich dann hin.

Diese Lärchen stehen am äußersten Ende eines langgezogenen schmalen Plateaus, in das der Berg, auf dem man losgegangen ist, auf der einen Seite ausläuft; und unter diesen Lärchen ißt man seine Mahlzeit aus hartgekochten Eiern und Butterbroten und besieht sich dabei voller Staunen die Aussicht. Von hier oben hat man eine unglaublich schöne Aussicht auf eine ganz andere Bergkette als von meiner Terrasse aus; und über das Tal, durch das sich ein silberner Faden windet, der, wie ich weiß, ein brausender Fluß ist, sind überall merkwürdig geformte, steile Hügel verstreut, die

sich in Licht und Farbe völlig voneinander zu unterscheiden und auch mit den Bergen ringsum keinerlei Gemein-
samkeit zu haben scheinen.

Ein Chalet in den Bergen

*A*uf dieser Route, der Santa-Fé-Route, kommt man erst zwei oder drei Stunden bevor die Reise endet, in den Sommer. Er wartet auf einen in einem Ort namens San Bernardino. Vorher ist von ihm nicht das geringste zu spüren. Bis dorthin befindet man sich im tiefsten Oktober; und dann erreicht man die Paßhöhe, und mit einem Schlag ist es Juni – strahlend, windstill, und es riecht nach Orangen.

Die Zwillinge und Mr. Twist saßen gerade im Speisewagen beim Lunch, als das Wunder geschah. Plötzlich ging die Tür auf, und mit einer wunderbaren, warmen, nach Rosen duftenden Brise drang der Sommer ein. Im nächsten Augenblick war der Speisewagen vom Duft nach Blumen und Früchten und irgend etwas Fremdartigem und Neuem und sehr Aromatischem erfüllt. Die Ventilatoren begannen sich zu drehen, die schwarzen Kellner begannen zu schwitzen, die Fahrgäste verlangten nach Eis und anderen gekühlten Gerichten, und die Zwillinge rissen sich die Strickmützen vom Kopf und zogen ihre Strickjacken aus.

Von diesem Punkt bis zur Endstation in Los Angeles konnten sich die Zwillinge nur im Himmel wähnen. Das lag an dem Licht, dem ungemein strahlenden Leuchten. Natürlich folgte Plantage auf Plantage mit über und über von Früchten bedeckten Orangenbäumen, weiße Häuser inmitten von Blumen, von Rosen überwucherte Gärten, Gruppen hoher Eukalyptusbäume, die in ihrer Nacktheit überaus elegant wirkten, lange Reihen von Pfefferbäumen mit fragilen, farnartigen Zweigen, und so ging es weiter, bis zum Ende der Reise; aber all das wäre nichts gewesen ohne jenes wunderbare, herrliche, milde Licht. Die Zwillinge hatten heiße Sommer in Pommern und Julitage in England erlebt, aber so etwas hatten sie noch nicht gesehen. Der Sommer hier war ohne Schwüle, Stechmücken, Moskitos, drohende Gewitter oder sonst etwas, was ihn hätte beeinträchtigen können; es war ein Sommer, wie er in den Elysischen Gefilden sein mochte, völlig klar, und ruhig und strahlend. Wenn der Zug anhielt, konnten sie sehen, daß kein Windhauch den Staub auf den stillen weißen Straßen aufwirbelte, und die Blätter der Magnolienbäume glänzten reglos in der Sonne. Der Zug fuhr langsam und hielt oft, denn Gärten und Dörfer schienen ohne Unterbrechung ineinander überzugehen. Welch blendender Überfluß, welch anmutige Fruchtbarkeit nach den öden, windgepeitschten Ebenen, durch die sie gekommen waren, jene unermeßlichen, kalten Weiten, in denen kein Haus und kein Lebewesen zu sehen gewesen war! Und als sie in ihr Abteil zurückkehrten, roch es auch dort nach Sommer – nach Obst und Rosen und Honig.

In ein fernes Land

Nach dem Tee waren wir zu einem Spaziergang aufgebrochen, der uns zuerst durch den Buchenwald, dann auf einen dahinter liegenden Hügel zur Signalstation hoch und schließlich auf einem Fußpfad am Rande der Klippen entlangführte, von wo aus man auf der einen Seite das Meer zwischen einem wogenden Saum blauer und violetter Blumen hindurchschimmern und auf der anderen ausgedehnte Roggenfelder sah. Wir hatten dort gestanden und auf Thiessow tief unter uns hinabgeschaut, einen Haufen malerischer Dächer, auf drei Seiten umgeben von Wasser, dessen glatte Oberfläche in der Abendsonne glänzte. Wir hatten über die weite Ebene hinweg zu dem fernen Hügel und dem Dorf Groß Zickow geblickt, die Schatten beobachtet, die über die meilenweit entfernten Wiesen glitten, gesehen, wie das Meer nach Westen hin die sanften Farben einer Perle annahm, wie es zwischen den Stielen von Skabiosen und Glockenblumen hindurch wunderbar blau schimmerte; und wie sich hinter uns über den Buchenwipfeln im Osten, wo der Wind wehte, die See so strahlend und bewegt und schaumbefleckt wie zuvor ausdehnte. Alles atmete Weite und Offenheit. Es war ein Ort, an dem man Gott preist und auf belangloses Geschwätz verzichtet. Und als die Sterne ans Firmament traten, gingen wir hinab und hinaus in die Ebene und wanderten in der hereinbrechenden Dämmerung durch das taufeuchte Gras, die Gesichter dem roten Streifen am Himmel zugewandt, wo die Sonne untergegangen war.

Elizabeth auf Rügen

*D*runten in den Weinbergen, die das Tal beidseitig einsäumen, sind die Trauben reif, und heute morgen machte ich den Vorschlag, daß wir gleich aufbrechen und uns einer ganztägigen Traubenkur unterziehen sollten.

Mrs. Barnes war von dieser Idee sehr angetan, und ich ließ belegte Brote machen, denn wir wollten erst gegen Abend zurück sein; im letzten Augenblick fiel ihr dann ein, daß es im Tal zu heiß sei und ihre Kopfschmerzen, die sie seit einiger Zeit hat, sich womöglich verschlimmern könnten. Die belegten Brote lagen auf dem Tisch im Aufenthaltsraum bereit. Dolly und ich waren ebenfalls startbereit, hatten schon unsere Stiefel an und die Spazierstöcke in der Hand. Mrs. Barnes besah sich die belegten Brote und meinte, man dürfe sie nicht umkommen lassen, da sie nun einmal gemacht worden seien. Und zu unserer großen Überraschung sagte sie dann, es wäre besser, wenn wir zu zweit gingen.

Wir waren verblüfft. Uns war wie Kindern zumute, die schulfrei bekommen haben. Beim Abschied gab sie einer jeden einen herzlichen Kuß, als wolle sie hervorheben, welches Vertrauen sie in uns setze. [...]

Wir kamen zu einem grünen Abhang, der mit Herbstzeitlosen übersät war, und wir setzten uns ins Gras, um sie zu betrachten. Diese zarten, allerliebsten Wesen sind erst vor kurzem hier oben aufgetaucht, zuerst eines nach dem anderen und dann in Scharen – blasse Lichtkelche, lila auf langen weißen Stengeln, die bei der geringsten Berührung abbrechen. Wie die Mandelbäume in den Vorstadtgärten rings um London, die in höchster Blüte stehen, wenn die Winde am unbarmherzigsten blasen, scheinen die Herbstzeitlosen zu zerbrechlich zu sein, um den kalten Nächten zu trotzen, die wir nun haben; dennoch erblühen sie gerade dann, wenn es so richtig unwirtlich wird. Überall stehen sie dann auf den Bergwiesen und blühen desto üppiger, je weiter der Monat auf den Winter zugeht.

Diese spezielle Wiese mit ihren Herbstzeitlosen war so schön, daß Dolly und ich uns einträchtig hinsetzten, um zu schauen. An so etwas Schönem geht man nicht einfach vorüber. Ich glaube, wir saßen eine halbe Stunde so da und sogen den Anblick in uns ein, der sich dort bot: die Herbstzeitlosen und ihr besonntes Plateau und die Wipfel der Fichten auf dem Abhang darunter, die scherenschnittartig in die tiefe Bläue des Tals ragten. Wir waren rundherum zufrieden. Die Sonne schien so warm, die Luft war ungemein frisch und klar. Es war eine Lust zu atmen. Ich glaube, gesegnet bin ich in meinem Leben vor allem darin gewesen, daß ich so oft das bloße Atmen als Glück empfand.

Nun, da wir soviel plaudern konnten, wie wir wollten, machten Dolly und ich kaum Gebrauch davon. Plötzlich interessierten mich ihre Deutschen nicht mehr. Inmitten der Herbstzeitlosen störten sie nur. In dieser lichten Gegenwart schien die Vergangenheit, sowohl die ihre als auch die meine, sehr wenig zu bedeuten, schien ein muffiges, gleichgültiges kleines Etwas zu sein. Hätten wir nicht einen leeren Korb dabeigehabt, um Mrs. Barnes Trauben mitzubringen, so wären wir womöglich überhaupt nicht zu den Weinbergen hinuntergegangen, sondern den ganzen Tag lang geblieben, wo wir jetzt waren. Der Korb mußte jedoch gefüllt werden; er mußte im gefüllten Zustand zurückgebracht werden. […]

Wir nahmen unser Mittagessen in den Weinbergen ein, und unser Nachtisch bestand aus Trauben. Eine ganze Weile aßen wir sie mit Begeisterung und hörten auch dann nicht damit auf, als sie uns immer weniger schmeckten und schließlich gar anwiderten. Für fünfzig Centimes erhielten wir vom Besitzer die Erlaubnis, so viele Trauben zu essen, bis wir tot umfielen, falls uns der Sinn danach stehen sollte. Für einen weiteren Franc durften wir den Korb für Mrs. Barnes füllen. Nur aus Gewissenhaftigkeit füllten wir ihn bis zum Rand, denn wir konnten uns nicht vorstellen, daß jemand wirklich den Wunsch verspüren sollte, ausgerechnet Trauben zu essen. Dann schleppten wir uns wieder den Berg hoch, vollbepackt, sowohl innerlich als auch äußerlich.

Mehr als drei Stunden brauchten wir, um nach Hause zu kommen. Den Korb trugen wir abwechselnd, jede eine halbe Stunde; aber was war mit den anderen unsichtbaren Trauben, die auch mitkamen? Ich denke, Leute, die eine Traubenkur gemacht haben, sollten den Rest des Tages stillsitzen oder aber sich nur auf ebenem Gelände fortbewegen. Die Kur fünftausend Fuß hoch mit sich schleppen zu müssen, das ist hart. Wieder schwiegen wir; diesmal der Not gehorchend. Wir keuchten und schwitzten, zu mehr waren wir nicht fähig.

Es war ein strahlender Nachmittag, und als die Weinberge aufhörten, führte der Weg durch verkrüppelte Fichten hindurch, die keinen Schatten spendeten, über schmale Pfade mit trockenen Fichtennadeln – auf keinem anderen Untergrund läuft es sich so unsicher wie auf diesem glatten Zeug. Durch diese heißen, schattenlosen Bäume brannte die Sonne unbarmherzig auf unsere gebeugten, vollbepackten Gestalten herab. Wann immer wir eine Verschnaufpause einlegten und unsere feuerroten, schweißnassen Gesichter erblickten, mußten wir lachen. [...]

Es war fünf Uhr, als wir zu der Wiese mit den Herbstzeitlosen kamen, und dort, wo wir am Morgen gesessen hatten, sanken wir wieder ins Gras, wortlos, schweißnaß, fix und fertig von all den Trauben. Lange Zeit sagten wir nichts. Es war eine Wonne, im kühlen Gras zu liegen und nichts tragen zu müssen. Die Sonne, die tief am Himmel stand, sandte ihre Strahlen fast waagerecht über die Wiese, und da sie direkt durch die dünnen Blütenblätter der Herbstzeitlosen schien, verwandelte sie eine jede in einen kleinen Stern. Ich kenne kein größeres Glück, als an einer schönen Stelle mit einem Menschen zu verweilen, der dies ebenso zu genießen weiß wie man selbst. Wir lagen ausgestreckt im Gras, sagten kein Wort und sahen zu, wie das Leuchten an Intensität gewann, bis es plötzlich erlosch. Die Sonne versank hinter der Bergkette im Westen, und das Licht ging aus; schlagartig, von einem Augenblick auf den anderen. Und die Herbstzeitlosen, auf ihrer gelbbraunen Wiese sich selbst überlassen, sahen aus wie ausgeblasene Kerzen.

Ein Chalet in den Bergen

*A*ls ich mich zum ersten Mal umblickte, war ich von der reizenden Aussicht völlig überwältigt. Unter uns lag der in der Sonne glänzende Bodden mit seinen Buchten und Inselchen, im Norden das Meer, im Westen das Meer und im Osten jenseits des fernen Rügen ebenfalls das Meer. Weit weg im Süden ragten die Türme von Stralsund empor; dicht hinter uns erfüllte ein junger Kiefernwald die Luft mit warmen Duftschwaden; der Grassoden unter unseren Füßen strotzte vor wilden Blumen – oh, du weite, wunderbare Welt! Wie gut es tut, manchmal in die Ferne zu blicken, die Augen zu erheben aus der Enge des Alltags, die große Stille in sich aufzunehmen, die auf einsamen Hügeln ruht! Reglos standen wir vor der Schönheit von Gottes Erde, die sich um uns her entfaltete. Der Ort schien erfüllt von der heiteren, mächtigen Gegenwart des Schöpfers. Hoch über uns in den Wolken jubilierte eine Lerche. Ansonsten war kein Laut zu vernehmen.

Elizabeth auf Rügen

QUELLENVERZEICHNIS

Elizabeth von Arnim, *Ein Chalet in den Bergen*. Roman. Aus dem Englischen von Angelika Beck. © Insel Verlag Frankfurt am Main und Leipzig 1996

Elizabeth von Arnim, *Einsamer Sommer*. Roman. Aus dem Englischen von Leonore Schwartz. © Insel Verlag Frankfurt am Main und Leipzig 1994

Elizabeth von Arnim, *Elizabeth auf Rügen*. Roman. Aus dem Englischen von Angelika Beck. insel taschenbuch 4116 © Insel Verlag Berlin 2012

Elizabeth von Arnim, *Elizabeth und ihr Garten*. Roman. Aus dem Englischen von Adelheid Dormagen. insel taschenbuch 4132 © Insel Verlag Frankfurt am Main 1987

Elizabeth von Arnim, *Garten der Kindheit*. Aus dem Englischen von Leonore Schwartz. insel taschenbuch 3258 © Suhrkamp Verlag Frankfurt am Main 1996

Elizabeth von Arnim, *In ein fernes Land*. Roman. Aus dem Englischen von Angelika Beck. © Insel Verlag Frankfurt am Main und Leipzig 1995

Elizabeth von Arnim, *Vera*. Roman. Aus dem Englischen von Angelika Beck. insel taschenbuch 1808 © Insel Verlag Frankfurt am Main und Leipzig 1995

Elizabeth von Arnim, *Verzauberter April*. Roman. Aus dem Englischen von Adelheid Dormagen. insel taschenbuch 4220 © Insel Verlag Frankfurt am Main und Leipzig 1992